제자백가의 숲에서 나를 힐링하라

列子
—
韓非子
—
莊子
—
孔子
—
孟子
—
墨子
—
荀子

제자백가의 숲에서
나를 힐링하라

列子, 漢非子, 莊子 외 · 정철 편역

촌철살인(寸鐵殺人)이라는 말이 있다. 짧은 글 하나가 커다란 감동을 불러일으킨다는 의미이다.

우리는 생활 곳곳에서 얻게 되는 경구나 격언 또는 책 속에서 진한 감동으로 번뜩이는 한 줄의 글을 발견했을 때, 일상의 권태를 벗어던지고 순식간에 신선함으로 휘감긴 적이 종종 있을 것이다. 또 방대한 분량의 책을 끝까지 읽고 난 후에도 어딘가 미진하고 꼭 있어야 할 것이 빠진 것 같은 허전함에 당혹했던 경우도 있을 것이다.

쉽게 읽을 수 있으면서 무한한 감동을 얻을 수 있다면, 또 그 감동을 고스란히 실생활에 접목시킬 수 있는 책이 있다면 그 책은 우리에게 더없이 소중하리라.

신간을 읽기에도 바쁠 뿐만 아니라 정보의 홍수 속에서 정신없이 앞으로만 치달려야 하는 오늘날에는 더더욱 그런 글들에 갈증을 느끼게 마련이다. 그러나 그만한 책을 구한다는 것은 쉽지가 않다. 나도 끝내 찾을 수 없을 것 같은 생각이 들었다. 그것은 평생을 한문학에 바쳐온 나에게 커다란 짐이 되었다.

시간이 지나면 지날수록 고민의 무게는 더해갔다. 보편적인 삶의 형태가 아닌 한문학의 길을 걷는 나에게는 무리한 일인 듯싶기도 했다. 그

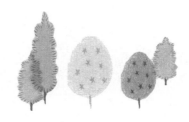

래서 성현들의 고전에서 길을 찾아보기로 했다. 고전에 담겨진 수많은 의미, 그것을 통해 전해져 오는 잔잔한 감동의 파장은 나 개인에게만 국한된 경험일 수는 없다는 생각이 들었다. 한문학 연구의 길을 걸어왔던 내가 고전에서 대안을 찾은 것은 어쩌면 당연한 일일 것이다.

삶을 돌이켜보거나 하나하나의 사물을 깊이 관찰하는 일에서 멀어져 현상적인 면에만 치우쳐져 있는 오늘의 우리에게 고전의 역할이 지대하다는 판단을 하게 되었다.

그러다가 쉽게 읽을 수 있으면서 무한한 감동을 부여하는 책, 그런 글을 발견했다. 바로 제자백가였다. 제자백가는 동양사상이 너무 심오해 그 뜻을 이해하기가 힘들다는 일반적인 견해를 송두리째 바꿔놓은 책으로 중국 고대 사상가들의 글이 수록되어 있다.

한 페이지를 넘지 않는 짧은 문장 속에 담겨진 철학과 삶의 의미를 발견하다 보면 인생의 지표가 든든히 세워짐을 알게 된다. 역사 속에 이름을 길이 남긴 성현들의 글을, 그들의 사상을 우화를 읽듯이 읽을 수 있어서 재미와 함께 자신의 지혜로 남게 되리라 의심치 않는다.

역자 정철

| 차례

列子篇

기원전 400년경 정鄭나라에서 태어난 열자(이름은 周)는 노자의 제
자이자 장자의 선배이다. 활동 시기는 공자와 맹자의 중간시대라 할 수 있
는데, 혹자는 열자가 실존인물이 아니며 〈열자〉라는 책 자체도 위작이라
고 주장한다. 이러한 의문점을 안고 있는 〈열자〉에는 고대 중국인들의 생
활철학을 보여주는 독특한 우화들이 많이 수록되어 있다.

기우는 기우일 뿐이다

천서(天瑞)

기杞나라에 하늘이 무너지고 땅이 갈라질까 걱정이 되어 잠도 제대로 못 자고, 밥도 제대로 못 먹는 사람이 있었다.

그가 걱정하는 것이 딱해서 일부러 그를 찾아간 친구가 있었다. "이것 보게, 하늘이란 기운이 쌓인 것에 불과한 거야. 기운이란 어디든지 다 있어. 그러니까 우리가 몸을 폈다 움츠렸다 하기도 하고, 숨을 빨아들였다 내쉬었다 하기도 하고 날이면 날마다 하고 있는 것 모두가 하늘 안에서 하고 있는 걸세. 하늘이 무너지지나 않을까 걱정하는 것은 터무니없는 생각이란 말일세."

"하늘이 기운이 쌓인 것이라고 하더라도, 해나 달이나 별이 떨어질 수는 있을 것 아닌가?"

"그것들도 역시 기운이 쌓인 것으로, 다만 빛을 가지고 있을 뿐이야. 그러니까 설사 떨어진다 해도 맞아서 상처를 입거나 하는 것은 아니란 말일세."

"그럼 땅이 갈라지면 어떻게 하지?"

"땅은 흙덩이가 쌓이고 쌓여서 된 것에 불과한 걸세. 흙덩이는 사방으로 빈틈없이 꽉 차 있어서 흙덩이 아닌 곳이 없어. 그러니까 우리가 날마다 걸어 다니고 뛰노는 것은 모두 땅 위에서 하고 있는 거야. 그러니 그 땅이 무너질 리가 있겠는가."

걱정하던 사람은 그제야 마음이 놓여 만족스런 표정을 지었고 일러주러 갔던 사람도 그가 기뻐하는 것을 보고 매우 만족해했다.

장려자長廬子[1]는 그 말을 듣고 비웃으며 이렇게 말했다.

"무지개나 구름이나 안개나 바람이나 비나 사계절의 변화나 모두 쌓인 기운이 하늘 가운데 나타나 있는 것이고, 산이나 강이나 바다나 쇠나 돌이나 불이나 나무나 모두 쌓인 모습이 땅위로 나타나 생기는 것이다. 하늘과 땅이 기운과 흙이 쌓여서 된 것이라면 어떻게 무너지지 않는다고 말할 수 있겠는가. 물론 하늘과 땅은 무한한 공간 속의 한 작은 것이기는 하지만 얼굴을 지닌 물건 가운데 가장 큰 것이라고 할 수 있다. 그것이 없어진다는 것도 어려운 일이고, 그것을 안다는 것도 어려운 일이다. 그러고 보면 그것이 허물어지지나 않을까 걱정하는 것은 너무 앞선 걱정이긴 하지만 그것이 허물어지지 않는다고 단언하는 것도 정당한 것은 못된다. 하늘과 땅도 허물어지지 않을 수 없는 것인 이상 언젠가는 반드시 무너지는 때가 온다. 그것이 무너지는 시기를 당하게 된다면 어떻게 걱정을 아니 할 수 있겠는가."

열자는 그 이야기를 듣자 이렇게 비웃어 말했다.

"천지가 무너진다는 것도 잘못이요, 무너지지 않는다는 것도 잘

못이다. 무너지고 안 무너지고는 우리가 알 바 아니다. 무너지지 않으면 무너지지 않아서 다행이지만 무너진다 해도 무너질 때의 일이다. 살아 있는 동안은 죽음을 생각할 필요가 없고, 죽은 다음에는 사는 것을 생각할 필요가 없다. 이 세상에 태어날 때는 태어날 때의 일이며, 이 세상을 떠나는 것은 떠날 때의 일이다. 하늘과 땅이 무너지고 안 무너지고 그런 것에 신경 쓸 필요는 없지 않은가."

[1] 중국 고대의 현인(賢人)

어린이도 안다

설부(說符)

제齊나라의 전씨田氏라는 사람이 자기 집 뜰에서 어떤 사람의 송별잔치를 열었다. 식객이 1천 명이나 모였는데 그중 두 사람이 잔치 도중에 물고기와 기러기를 바쳤다. 전씨는 그것을 보고 감탄하며 말했다.

"하늘은 인간에게 후한 은택을 내리셨다. 오곡을 잘 거둬들이게 하고, 고기와 새를 만들어 인간에게 유용하게 쓰도록 해주셨다."

모여 있던 사람들은 입을 모아 그의 말이 지당하다고 추켜세웠다. 그러나 마침 그 자리에 함께 앉아 있던 포씨鮑氏라는 사람의 열두 살 먹은 아이가 앞으로 나와 이렇게 말했다.

"그렇지 않습니다. 하늘과 땅 사이에 생겨난 모든 물건들은 어느 것이나 사람과 똑같은 생물들로서 그 사이에 귀하고 천한 구별이 있을 리가 없습니다. 다만 몸뚱이가 크고 작고, 지혜의 힘이 다르기 때문에 서로가 제압을 하고, 잡아먹고 하는 것뿐입니다. 어느 것이든 다른 것을 위해서 생겨난 것은 아닙니다. 사람은 먹을 수 있는 것이면 그것을 잡아먹곤 하지만 결코 하늘이 처음부터 사람을 위해 그것들을 생겨나게 한 것은 아닙니다. 예를 들어 모기와 등에가 사람의 살을 물고, 범과 늑대가 다른 짐승들의 고기를 먹는 것을 보면 하늘이 처음부터 모기나 등에를 위해 사람을 만든 것이 아니고, 범이나 늑대를 위해 다른 짐승들을 만들지 않았다는 증거가 아니겠습니까?"

죽음이란 무엇인가

천서(天瑞)

임류林類는 100살에 가까운 노인이었다. 그는 봄이 되었는데도 아직 겨울 털옷을 두른 채 밭두렁 사이로 이삭을 주우러 다니면서 노래를 불렀다. 공자가 위衞나라로 가던 도중, 멀리 논밭 사이로 그의 모습을 바라보고 제자들을 돌아보며 말했다.

"저 노인은 말이 통할 것만 같아 보인다. 어디 한번 가서 말을 걸어보아라."

자공子貢[1]이 달려가 그를 대하자마자 탄식 섞인 어조로 말을 건넸다.

"당신은 살면서 자신의 삶을 후회한 적이 없으십니까? 그런 나이로 노래를 부르면서 이삭을 줍고 계시니 말입니다."

임류는 이삭줍기를 그치지 않고 여전히 노래를 불렀다. 자공은 몇 번이고 되풀이해 물었다. 그제야 임류는 마지못해 눈을 들며 대답했다.

"내게 무슨 후회가 있겠는가."

"당신은 젊었을 때 공부나 기술을 배운 일도 없고, 나이가 들어도 입신출세를 위해 애쓴 적도 없고 늙도록 처자도 없는데 이제 수명도 다해가지 않습니까? 그런데 대관절 무엇이 즐거워서 이삭까지 주우면서 노래를 부르시는 겁니까?"

임류는 웃으며 대답했다.

"내가 낙으로 삼고 있는 것은 누구에게나 다 있는 거야. 그런데 사람들은 도리어 그것을 걱정의 씨앗으로 만들고 있거든. 나는 젊었을 때 학문을 닦은 일도 없고 나이가 들어 출세를 꿈꾼 일도 없기 때문에 이처럼 오래 살 수가 있었던 거야. 나이 늙어 처자식도 없고 죽을 때도 이제 멀지 않아서 이렇게 즐기고 있는 것이 아닌가."

"오래 사는 것은 누구나가 원하는 일이고, 죽는다는 건 누구나가 싫어하는 것이 아닙니까. 그런데 당신은 그것을 즐겁다고 하시니 대관절 무슨 까닭으로 그런 말씀을 하시는 겁니까?"

"죽는 것과 태어난다는 것은 가고 오고하는 것과 마찬가지야. 그러므로 이 세상에서 죽는다는 것은 저 세상에서 태어나는 것일지도 모르지. 어느 쪽이 더 나은 것인지 알 수 없는 일이야. 악착스럽게 살아 있으려는 것이 어리석은 일일지도 모르고, 지금 죽는 것이 지금까지 살아왔던 것보다 나을지도 모를 일이 아닌가."

자공은 그 말을 듣고 얼른 이해가 가지 않아서 돌아와 공자에게 고하자, 공자는 이렇게 평했다.

"말이 통할 사람으로 보았더니 역시 틀림이 없군. 하지만 그가 한 대답만으로는 아직 죽고 사는 도리를 완전히 다 말했다고는 볼 수 없다."

자공은 학문을 하는 것이 싫증이 나기 시작해서 공자에게 이렇게 물었다.

"학문이란 것은 어느 정도까지 하면 그만둘 수 있습니까?"

"살아 있는 동안은 그만둘 수 없는 것이다."

"그러면 저 역시 학문하는 것을 그만둘 수 없다는 뜻입니까?"

"있기야 하지. 저 무덤을 보아라. 넓고 큰 것도 있고, 높이 쌓아올린 것이며 둥글게 만든 것, 가마솥 밑바닥처럼 생긴 것, 모양은 가지각색이지만 결국 그리로 들어가게 되면 그만둘 수가 있는 것이다."

"과연 죽음이란 대단한 것이로군요. 훌륭한 사람에게는 휴식처가 되고, 보통 인간들에게는 마지못해 끌려가는 곳이 되는 셈이군요."

"너도 이제 그것을 알게 된 모양이구나. 사람은 누구나 살아 있는 즐거움만을 생각하고, 그것이 고통스러운 것임을 생각지 않으며, 나이를 먹으면 몸이 약해지고 고달픈 것만 알고 편안함은 생각해보려고 하지 않고, 죽는 것이 나쁜 것인 줄만 알고 그것이 쉬는 것임을 모른다."

---

[1] 춘추시대 위나라의 유학자. 공문십철(孔門十哲 : 공자문하 열 사람의 철학자)의 한 사람으로 재아(宰我)와 더불어 말솜씨에 뛰어남.

공자가 감탄하다

천서(天瑞)

　공자가 태산에서 유유자적하고 있을 때의 일이다. 노魯나라의 성이란 마을 어귀에서 영계기榮啓期[1]와 마주치게 되었다.

　영계기는 사슴의 털가죽을 두르고 노끈으로 띠를 두른 허술한 차림으로 거문고를 타면서 흥겹게 노래를 부르고 있었다.

　"당신은 무엇이 그리도 즐겁소?"

　공자가 묻자 영계기는 이렇게 대답했다.

　"내게는 즐거운 일이 수없이 많소. 우선 하늘이 만든 만물 가운데서 무엇보다 귀한 것은 사람이 아니오. 그런데 나는 그 사람으로 태어났으니 이것이 첫 번째로 즐거운 일이오. 또 남자와 여자 사이에는 남자가 더 귀하지 않소. 그런데 나는 그 남자로 태어났으니 이것이 두 번째로 즐거운 일이오. 또 사람으로 태어나더라도 빛도 못 보고 죽기도 하고, 배내옷을 벗기 전에 죽기도 하는데 나는 벌써 아흔까지 세상을 살았으니 이것이 세 번째로 즐거운 일이오. 가난한 것은 선비의 본분이요, 죽음이란 인생의 종착점에 불과한 것이 아닌가. 그 본분을 달게 여기며 종착점까지 걸어가고 있는데 또 무엇이 못마땅해 마음을 괴롭힌단 말이오."

공자는 그가 하는 말을 듣고 감탄했다.

"대단한 인물이로군. 참으로 마음에 여유를 지닌 사람이야."

영계기가 들어도 상관없다는 듯이 그렇게 말했다.

---

[1] 춘추시대 사람으로, 물질에 구애됨 없이 유유자적하게 삶.

도둑놈도 있고 도둑님도 있다

천서(天瑞)

제齊나라의 국씨國氏란 사람은 큰 부자였고, 송宋나라의 향씨向氏란 사람은 몹시 가난했다. 그래서 향씨는 제나라로 가서 국씨에게 부자가 되는 비결을 가르쳐달라고 부탁했다. 그러자 국씨는 이렇게 대답했다.

"나는 교묘하게 도둑질을 했을 뿐이오. 도둑질한 덕분에 1년째는 그럭저럭 지낼 만하게 되었고, 2년째에는 제법 편하게 되었으며, 3년째에는 아주 부자가 되었지요. 그리고 나서 차츰 이웃과 이웃 마을까지를 유복하게 만들어주게 되었습니다."

향씨는 그 말을 듣고 어찌나 기뻤던지 국씨가 도둑질했다는 그 말만을 그대로 받아들여 그것이 어떤 도둑질이었는지도 알아보지 않은 채, 마침내 남의 집 담을 넘고 벽을 뚫어 닥치는 대로 마구 도둑질을 했다. 그런데 얼마 안 가서 절도죄로 몰려 훔쳐온 것은 물론, 가지고 있던 것마저 다 빼앗기고 말았다.

향씨는 국씨에게 속았다는 생각에 다시 그를 찾아가 원망을 늘

어놓았다. 그러자 국씨가 향씨에게 물었다

"대관절 당신은 도둑질을 어떻게 했소?"

향씨는 사실 그대로를 들려주었다. 그의 말을 듣자 국씨는 이렇게 이야기를 했다.

"도둑의 도리를 그렇게 생각할 줄 미처 몰랐소. 내 자세히 설명을 하리다. 대개 하늘에는 천시天時란 것이 있고, 땅에는 지리地利란 것이 있지 않소. 나는 그 천시와 지리를 훔치고, 물에서는 물고기와 자라들을 훔쳐다가 먹는 재료로 만들었던 거요. 모든 것이 도둑질 아닌 것은 없었소. 즉 곡식이든 흙과 나무든, 모두가 하늘이 만들어낸 것으로, 내가 가진 것은 아니었소. 그러나 하늘이 만든 것은 훔쳐와도 재난을 당하지는 않는 법이오. 하지만 금은보화 따위는 사람들이 만든 것으로 하늘이 준 것은 아니오. 당신은 그걸 훔치고 벌을 받은 것이니 남을 원망할 수는 없는 일이오."

향씨는 도무지 뭐가 뭔지 알 수가 없었다. 국씨가 또 자기를 속이는 것만 같아서 동곽 선생을 찾아가 그의 의견을 물었다. 동곽 선생의 대답은 이러했다.

"네가 지금 네 것으로 알고 있는 그 몸뚱이도 훔친 것이 아니라고는 할 수 없지 않느냐. 즉 음양 두 기운의 조화를 훔쳐다가 네 생명을 만들어내고, 네 몸뚱이를 생겨나게 한 것이다. 더구나 나 이외의 것을 내 것으로 만드는 것이 도둑질이 안 될 수는 없다. 틀림없이 천지와 만물은 떨어져 존재하는 것이 아니며, 만물은 모두가 천지에 속해 있는 것이다. 그것을 내 것이라고 믿고 있다면 그것은 지나친 착각인 것이다. 다만 국씨가 한 도둑질은 사회 일반에 통용되는 공평하고 바른 도리이기 때문에 화가 되지 않지만, 네가 한 도둑질은 네 개인의 욕심에서 생겨난 것이므로 죄가 되는 것이다. 공과 사의 구별을 떠나, 그것은 도둑질이라는 말이다. 공이니 사니 하는 것은 천지의 이치를 놓고 하는 말이긴 하지만, 천지의 이치를 아는 사람에겐, 어느 것은 도둑질이 되고 어느 것은 도둑질이 되지 않는다는 그런 구별이 있을 수 없다."

참 믿음은 기적을 낳는다

황제(黃帝)

진晉나라의 범씨范氏 집에 자화子華라는 아들이 있었다. 협객 기질이 있어서 부하들의 뒤를 잘 보살펴 주었기 때문에 온 백성들로부터 신망이 두터웠고, 국왕으로부터도 총애를 입어 비록 벼슬은 하지 않았지만 그 세도는 대신들을 능가할 정도였다. 따라서 그의 눈에 든 사람이면 나라에서 작위를 내리게도 되고, 그에게 밉게 보인 사람은 관직에서 쫓겨나는 형편이었다. 이리하여 그의 저택을 드나드는 사람의 수는 대궐과 맞먹을 지경이었다. 자화는 그 문하에 있는 협객들에게 지혜를 겨루게도 하고 힘을 비교해보기도 하여, 그 결과 그가 보는 앞에서 죽는 사람이 있어도 예사로 알고 있었다. 날이면 날마다 아침부터 저녁까지 그런 구경으로 낙을 삼았기 때문에 오래지 않아 온 나라 안이 그렇게 변해가고 있었다.

그런데 범씨의 큰 손님들 가운데 화생과 자백이란 사람이 있었는데, 언젠가 두 사람이 교외로 놀러가서 상구개商丘開라는 농부의 집에서 하룻밤을 묵게 되었다. 밤이 이슥해서 두 사람은 자화의 위세가 흥한 사람을 망하게도 할 수 있고 망한 사람을 흥하게도 할 수 있으며 부자를 가난뱅이로, 가난뱅이를 부자로 만들 수 있을 정도라고 이야기를 주고받았다. 상구개는 일찍부터 가난에 시달려오던 터였는데 창 밑에 숨어 그 이야기를 몰래 엿들었다. '그렇다면 나도 한 번' 하는 생각에 그는 이웃집에서 양식을 꾸어다가 망태에 담아 가지고 자화의 집으로 찾아갔다.

자화의 집 손들로 말하면 모두가 좋은 가문의 사람들로, 비단옷에 마차를 타고 다니거나 유유히 큰 길을 활개 치며 돌아다니는 그런 사람들뿐이었으므로 햇볕에 새까맣게 그을고 주름투성이인 상구개가 허름한 차림을 하고 나타나자, 모두들 그를 무시할 수밖에 없었다. 그래서 놀리기도 하고 속이기도 하고, 툭툭 건드리기도 하는 그런 형편이었다. 그러나 상구개는 당연한 듯이 조금도 화를 내지 않았으므로 사람들은 장난을 치는 것도 재미가 없어서 자연히 싫증이 나기 시작했다. 그래서 마지막엔 상구개를 높은 층계 집으로 데리고 올라가 모든 사람들이 보는 앞에서 허튼 소리를 주고받았다.

"여기서 아래로 뛰어내리는 사람에겐 상금으로 1백 금을 주기로 하자."

"나도 나도." 하고 찬성하는 사람들이 많은 것을 보자, 상구개는 그것이 참말인 줄 알고 제일 먼저 뛰어내리고 말았다. 그런데 이상하게도 마치 새가 날아 앉듯 몸에 상처 하나 없이 사뿐 뛰어내리는 것이었다. 범씨 집 문객들은 그것을 우연한 요행수로 보고 별로 이상하게는 생각하지 않았다. 그래서 이번에는 강으로 데리고 나가 물이 깊은 곳을 가리키며 서로 수군거렸다.

"저 물속에는 보물 구슬이 빠져 있다. 잠수해 들어가면 주워올 수 있을 텐데."

그러자 상구개는 또 그 말을 곧이듣고 물속으로 뛰어들었다. 그런데 이윽고 물 위로 나오는 그를 보니 손에 틀림없이 구슬을 쥐고 있지 않은가. 그제야 사람들은 그가 보통 인물이 아니란 걸 알게 되었고, 자화도 비로소 그를 후히 대접해 고기반찬을 먹이고 비단옷을 입은 상객들 틈에 낄 수 있게 했다.

어느 날, 갑자기 범씨 집 창고가 큰 불에 휩싸이게 되었다. 자화는 상구개에게 말했다.

"만일 당신이 불 속으로 뛰어들어 비단을 꺼내 온다면, 꺼내 온 분량에 따라 상을 주겠소."

상구개는 주저하는 기색도 없이 불 속을 들어갔다 나왔다 하며 비단을 꺼내왔는데, 연기를 마시지도 않고 화상을 입은 곳도 없었다. 그래서 범씨 집 사람들은 그가 도술에 통한 사람이 틀림없다는 생각에 앞을 다투어 지난 일을 사과했다.

"나는 당신이 도사인 줄도 모르고 당신을 속이려 했습니다."

"나는 당신이 신인神人인 줄도 모르고 당신을 욕보이려 했습니다."

"당신은 틀림없이 나를 사람을 알아볼 줄 모르는 바보 같은 놈이라고 생각하셨을 겁니다."

"당신은 나를 눈뜬장님이라고 욕하셨겠지요."

"어떻게 당신의 그 도술을 가르쳐 주실 수는 없겠습니까?"

그러자 상구개는 이렇게 대답했다.

"내게 도술 같은 건 없습니다. 나 자신도 어떻게 그럴 수 있었는지 알 수 없습니다. 그러나 한 가지 짐작되는 것이 있으니 그것을 말해보지요. 앞서 당신들 두 분이 우리 집에 묵고 계실 때, 범씨의 위세는 세력가를 망하게도 할 수 있고 망한 사람을 세력가로 만들수도 있으며, 부자를 가난뱅이로 또 가난뱅이를 부자로도 만들 수 있다고 칭찬하는 것을 듣고 나는 그것이 참인 줄만 믿고 있었습니다. 그래서 먼 길을 찾아 여기까지 왔습니다. 이리로 와서도 여러 분이 말하는 것은 모두가 참인 줄로 생각하고, 다만 그것을 참인 줄로 믿는 마음이 부족하지나 않을까, 그것을 실천하는 데 부족함이 없지나 않은가 하는 것이 걱정이 되어 내 몸이 어떤 취급을 당하고, 어떤 이득과 손해가 있는가 하는 것은 생각할 겨를도 없이 그저 마음이 그 한 가지에 쏠려 있었습니다. 그런데 이제 와서 당신들이 나를 속였다는 것을 알게 되자, 내 마음 속에 남을 의심하는 생각이 싹터 올라서 사람을 대하면 눈과 귀를 움직여 주의를 하게 되었습니다. 지금까지 한 일을 돌이켜 보니, 용케도 그때 화상을 입지 않고 물에 빠져 죽지도 않았다는 생각이 들어 새삼스럽게 가슴이 두근거리고 몸이 후들후들 떨려옵니다. 이젠 두 번 다시 물이나 불 옆에 가지는 못할 것 같습니다."

이런 일이 있은 뒤로, 범씨 집 문객들은 길에서 거지나 말의 병을 고치는 사람을 보더라도 절대로 무시하는 일이 없었고, 말을 하려면 반드시 수레에서 내려 인사부터 먼저 하게 되었다.

공자의 제자인 재아가 이 말을 듣고 공자에게 전하자, 공자는 이렇게 말했다.

"너는 그런 걸 몰랐단 말이냐? 원래 완전히 믿어 조금도 의심을 품지 않는 사람은 물건을 감동케 할 수 있는 법이다. 하늘과 땅도 움직일 수 있고 귀신도 감동케 하며, 우주의 끝까지 가더라도 그것을 방해하는 것은 없다. 고작 그 정도 위험한 장소에 발을 들여놓고, 물이나 불 속으로 뛰어드는 것쯤이야 문제 삼을 것도 없지 않으냐. 상구개란 사람은 거짓을 참으로 믿고 있었는데도 그를 방해하는 것이 없었다. 하물며 참을 참으로 믿는 경우에야 말할 나위가 있겠느냐. 너도 이 점을 마음에 깊이 새겨두어라."

참된 말은 말을 떠나서 있다

황제 (黃帝)

어느 바닷가에 갈매기를 좋아하는 아이가 살고 있었다. 매일 아침 바닷가로 나가 갈매기와 함께 놀았는데, 모여드는 갈매기가 100마리를 넘을 정도였다. 어느 날 그는 아버지로부터 부탁을 받았다.

"사람들 말이, 너는 갈매기와 함께 놀아도 갈매기가 달아나지 않는다고 하니 오늘은 그중 한 놈을 잡아 가지고 오너라. 나도 한번 데리고 놀고 싶다."

그래서 이튿날 바닷가로 나가 보았더니, 갈매기는 공중을 빙빙 돌 뿐 한 놈도 가까이 오지를 않았다.

그러므로 '참된 말은 말을 떠나서 있고, 참된 행실은 행실에 나타나지 않는다'고 했다. 보통 사람들의 지혜라는 것은 눈에 보이는 것으로만 평가하기 때문에 참으로 천박한 것이다.

너와 나는 주인도 종도 아니다

주목왕(周穆王)

주周나라의 윤씨尹氏는 살림을 어찌나 알뜰하게 잘하던지, 그의 밑에서 일하는 사람들은 아침 일찍부터 저녁 늦게까지 쉴 새 없이 일에 시달리는 형편이었다. 그 가운데 늙은 종 하나가 있었는데 이젠 고생에 찌들어서 몸이 몹시 쇠약해 있는데도 윤씨는 그런 것은 아랑곳하지 않고 여전히 힘든 일만 시키고 있었다.

늙은 종은 온종일 일에 시달린 나머지 밤만 되면 정신없이 잠에 빠지곤 했다. 너무 지친 탓인지 몸과 마음이 따로 놀아 밤낮이 달랐다. 밤에는 꿈속에서 한 나라의 임금이 되어 백성들을 거느리고 정치를 하며 대궐 안에서 편안히 살고, 무엇이든지 할 수 있는 임금으로 세상에 다시없는 행복한 생활을 하고 있었다. 그러고는 눈만 뜨면 다시 힘든 일에 시달려야 했다. 그래서 누군가가 그의 고통을 위로해주자 그는 이렇게 말했다.

"사람의 수명을 100년으로 잡더라도, 밤과 낮이 반반씩을 차지하고 있지 않은가. 물론 나 같은 사람은 종의 신분으로 혹사를 당하고 있기 때문에 고통스러운 것만은 틀림없는 사실이기는 하지만, 밤만 되면 임금이 되어 다시없이 행복하니 별로 원망스러울 것도 없어."

한편 주인인 윤씨도 공연한 일에 신경을 쓰고 살림살이에 골몰해 있었기 때문에, 몸과 마음이 다 같이 지쳐서 밤만 되면 정신없이 곯아떨어지곤 했다. 그런데 밤마다 꿈속에서는 남의 집 하인이 되어 할 일이 너무도 많아 잠시도 쉴 틈이 없었고, 게다가 툭하면 꾸중과 매질이었기 때문에 꿈결에도 헛소리를 중얼거리며 매에 못 견디어 신음 소리를 외치다가는 날이 밝아서야 겨우 그치는 형편이었다.

윤씨는 너무도 고통스러운지라 친구에게 그 얘기를 털어놓았다. 그러자 친구는 이렇게 대답했다.

"자네는 신분도 높고 재산도 많아서 누구보다도 행복한 생활을 하는 사람인데, 밤이면 꿈속에서 남의 집 하인이 된다고 하지 않았나. 결국 낙이 있으면 고통이 있는 것이 세상 이치가 아니겠는가. 낮이고 밤이고 자네가 원하는 대로 되기를 바란다는 것은 처음부터 무리일세."

윤씨는 친구의 이 말을 듣고부터는 하인들에게 일을 알맞게 시키고, 지나친 간섭은 하지 않았기 때문에 윤씨 자신도, 늙은 종도 그다지 고통을 겪는 일이 없었다.

현실이 꿈인가, 꿈이 현실인가

주목왕(周穆王)

정鄭나라의 어떤 사람이 들판으로 나가 땔나무를 하고 있는데, 무엇에 놀라 정신없이 달아나는 사슴과 마주치게 되었다. 그는 길목을 지키고 있다가 단번에 사슴을 쳐서 잡았다. 혹시 누가 보기라도 하면 어쩌나 싶어 그는 물이 마른 웅덩이 속에 감추고 나뭇가지를 덮어두고야 마음을 놓았다. 그런데 어떻게 하다가 그만 그 감춰둔 장소를 못 찾고 말았다. 그가 혹시 꿈을 꾼 것이나 아닌가 하고 길을 걸어가며 중얼거리는 것을 지나가던 사람이 듣고는, 그 사슴이 있는 곳을 찾아 제 것으로 만들고 말았다.

사슴을 주워 집으로 돌아온 사람이 그의 아내에게 말했다.

"아까 나무꾼 하나가 사슴을 잡은 꿈을 꾸고는 그 장소를 알 수 없다기에 내가 가서 그걸 찾아냈으니, 그 친구는 현실과 부합되는 꿈을 꾼 셈이야."

그러자 아내가 말했다.

"당신이야말로 나무꾼이 사슴을 잡은 꿈을 꾼 것이 아닐까요?

나무꾼의 꿈은 실제로 있었던 것이 아닐 거예요. 당신이 지금 정말로 사슴을 얻어 가지고 온 것을 보면 당신이 진짜 꿈을 꾼 거예요."

남자는 또 이렇게 말했다

"이렇게 내가 사슴을 손에 넣게 된 이상 새삼스럽게 내 꿈이니 남의 꿈이니 하고 따질 필요도 없지."

한편 나무꾼은 집에 돌아와서도 사슴을 숨겨둔 것을 몰라 안타까워했는데, 그날 밤 제대로 사슴을 숨겨둔 장소와 그 사슴을 훔쳐 간 남자까지 꿈속에서 볼 수 있었다. 그래서 이튿날 아침 일찍, 꿈에 본 기억을 더듬어 가며 마침내 훔쳐간 사람의 집을 찾아낸 그는 이 사실을 관에 고발해 사슴을 되찾으려 했다. 사건은 재판으로 옮겨갔다.

재판관은 나무꾼에게 말했다.

"너는 맨 처음 실제로 사슴을 잡고도 공연히 꿈이 아닌가 의심을 했고, 나중에는 꿈속에서 사슴을 찾은 것뿐인데 그것을 진실인 것처럼 생각하기에 이르렀다. 또 상대방은 실제로 사슴을 갖고 있으면서 너와 사슴을 놓고 맞거니 틀리거니 하고 다투고 있으며, 또 그 아내는 꿈속에서 다른 사람이 잡은 사슴이란 것을 인정하면서도 남이 잡은 것이 아니라고 우기고 있다. 어쨌든 현재 사슴이 있으니 이것을 둘로 나눠서 가지도록 해라."

이렇게 판결이 나자 이 사건에 대한 얘기가 정나라 임금에게까지 올라가게 되었다.

임금이 대신들에게 이렇게 말했다.

"허허, 재판관 역시 꿈속에서 남의 사슴을 나눠주려는 건가."

대신은 이렇게 말했다.

"꿈인지 아닌지는 우리들로서는 분간하기 어려운 일이옵니다. 꿈이냐 현실이냐 하는 것은 황제(黃帝:중국 오제 중의 한 사람)나 공자만이 알 수 있는 일이온데, 두 분은 이미 죽고 없으니 아무도 그것을 구별할 수는 없을 줄로 아옵니다. 이번 일만은 재판관이 말한 것을 옳은 것으로 해두는 것이 좋을 줄로 아옵니다."

자기 눈만 정확한 건 아니다

설부(說符)

    양주의 동생으로 양포라는 사람이 있었다. 양포는 어느 날 흰 옷을 입고 밖에 나갔다가 비를 맞았기 때문에 흰 옷을 벗고 검정 옷으로 바꿔 입고 돌아왔다. 그러자 집에 있던 개가 뛰어나와 마구 짖어댔다. 양포가 화가 나서 개를 두들겨 패주려고 하자, 양주는 동생을 말리며 이렇게 말했다.

    "때릴 것 없다. 너도 마찬가지 아니겠느냐. 만일 이 개가 흰 개였는데 밖에 나갔다가 검정개가 되어 돌아온다면, 역시 이상하게 생각할 것이 아니냐."

건망증이 평화를 준다

주목왕(周穆王)

송宋나라 양리陽里에 사는 화자華子란 사람은 중년에 이르러 건망증에 시달리고 있었다. 아침에 남에게 빌려온 물건을 저녁이면 까맣게 잊어버리고, 저녁에 남에게 물건을 빌려주고는 이튿날 아침이면 까맣게 잊어버리며, 길을 갈 때는 어디를 왜 가는지를 모르고, 집에 있어도 멍청히 앉아 있을 뿐이었다.

집안사람들이 걱정이 되어 점쟁이에게 점을 쳐봐도 점괘가 나오지 않고, 무당에게 부탁해서 굿을 해봐도 효과가 없었으며, 의원에게 치료를 받아봤지만 도무지 낫지를 않았다.

그런데 노魯나라의 어느 선비가 고쳐보겠다고 자청하고 나섰다. 화자의 집에서는 재산의 반을 나눠주겠다는 약속을 했다. 그러자 그 선비는 이렇게 말했다.

"이건 원래가 점을 칠 성질의 것도 아니고, 굿으로 나을 수도 없는 것이며, 약으로도 낫지 않는 것입니다. 나는 시험 삼아 주인어른의 마음을 바꾸고 생각을 고쳐볼까 합니다. 그러면 혹 나을 수도 있을 테니까요."

그래서 시험 삼아 환자의 옷을 벗겨보았더니 역시 옷을 입으려 했고, 배를 고프게 해두었더니 또한 밥을 먹고 싶어했으며, 어두운 곳에 있게 해두었더니 밝은 곳으로 나가려 했다. 선비는 그것을 보자 반가운 얼굴로 환자의 아들에게 말했다.

"이 병은 고칠 수 있습니다. 그러나 내가 고치는 방법은 대대로 비밀히 전해온 것이라 남에게 알릴 수가 없으니 다른 분들은 다 물러가시도록 하고, 나 혼자서 이레 동안 환자와 함께 방에 있도록 해주시오."

그래서 시키는 대로 했다. 그러므로 그가 무엇을 어떻게 했는지는 알 수 없었다. 어찌 됐든 오래된 병이 하루아침에 씻은 듯이 달아나 버리고 말았다.

그런데 환자는 병이 낫게 되자, 노발대발해서 아내를 내쫓고, 자식들에게 호통을 치며, 창을 들고 선비를 내쫓았다. 사람들이 환자를 붙들고 그 까닭을 묻자 그는 이렇게 대답했다.

"지금까지 내가 건망증에 걸려 있었을 때는 마음이 태평스러워서 세상이 있는지 없는지 그것마저 모르고 지냈다. 그런데 지금 갑자기 생각이 되살아나 지금까지 수십 년 동안 일어났던 생사와 득실과 희비 등 가지가지 일들이 한꺼번에 밀어닥치고 있다. 앞으로도 계속 그것들이 내 마음을 괴롭힐 것을 생각하니 걱정이 되어 견딜 수가 없다. 비록 잠시 동안이나마 모든 것을 잊어버리고 사는 일은 두 번 다시 없을 것이 아닌가."

자공이 이 말을 듣고 잘 이해가 되지 않아 공자에게 물으니, 공자는 이렇게 대답했다.

"이것은 너로서는 아직 알 수 없는 일이다."

그리고 수제자인 안회顏回[1]를 시켜 이 이야기를 기록에 남기도록 했다.

---

[1] 춘추시대 노나라의 현인(賢人). 공문십철(孔門十哲 : 공자문하 열 사람의 철학자)의 한 사람으로 공자가 가장 신임했던 제자

누구의 생각이 옳은가?

주목왕(周穆王)

진秦나라의 봉씨蓬氏란 사람에게 아들이 하나 있었다. 어릴 때부터 굉장히 영리했는데, 어른이 되고 나서 이상한 병에 걸려 모든 판단을 보통 사람들과 정반대로 했다. 노래를 들으면 우는 것으로 알고, 흰 것을 보면 검다고 하고, 향내를 맡으면 구리다고 하고, 단 걸 먹으면 쓰다고 하며, 좋은 걸 보면 나쁘다고 하는 식으로 천지, 사방, 물과 불, 춥고 더운 것 등을 정반대로 알게 되었다. 이것을 보고 양씨라는 이웃 사람이 환자의 아버지에게 말했다.

"노나라에는 재주가 뛰어난 분들이 많다고 하니 혹 그런 병을 고칠지도 모르잖나, 한번 가서 알아보는 것이 어떻겠는가."

그 말을 들은 봉씨는 짐을 꾸려 노나라로 길을 떠났다. 그런 도중에 노자老子[1]를 만나게 되었다. 봉씨가 아들의 병에 대해 말하자 노자는 이렇게 말했다.

"당신은 어떻게 당신 아들의 생각이 틀린 것을 아시오? 지금 온 세상 사람들이 다 옳고 그른 것을 구별하지 못하고, 이해득실을 분간하지 못하는 등, 당신 아들과 똑같은 병에 걸린 사람이 대부분이오. 물론 도리를 제대로 깨우친 사람은 한 사람도 없소. 그리고 자기 한 사람의 생각이 틀렸다고 해서 집안사람 전부를 틀렸다고는 볼 수 없고, 한 집안 사람이 다 틀렸다고 해서 온 고을 사람이 다 틀렸다고도 볼 수 없소. 또 온 고을 사람의 생각이 틀렸다고 해서 온 나라 사람이 다 틀렸다고는 볼 수 없고, 온 나라 사람의 생각이 틀렸다고 해서 온 천하가 다 틀렸다고 할 수 없는 것이 아니겠소. 그러니 누가 그것을 바로 잡을 수 있겠소. 가령 온 세상 사람이 다 당신 아들처럼 되었다면, 거꾸로 당신의 생각이 틀린 것이 되고 말 것이오. 슬픔이나 즐거움, 소리나 빛, 냄새나 맛, 옳고 그른 것 등 누가 그것을 올바르게 알아맞힐 수 있겠소. 그리고 이렇게 말하는 내 말도 반드시 틀린 것이 아니라고는 말할 수 없는 것이오. 더구나 노나라 사람들이란 틀려도 이만저만 틀린 것이 아닌데 어떻게 남이 틀린 것을 바로잡을 수 있겠소. 당신도 당신의 생각이 틀렸는지 알 수 없으니 집으로 빨리 돌아가는 것이 좋을 것이오."

[1] 이름은 이이(李耳). 자는 담(聃). 노담(老聃)이라고도 한다. 춘추시대 말기 주나라에서 장서실(藏書室)을 관리했다. 공자가 젊었을 때 노자를 찾아가 예(禮)에 관한 가르침을 받았다는 이야기도 전해진다.

슬픔이란 무엇인가

주목왕(周穆王)

   연燕나라 사람으로, 태어난 곳은 연나라지만 초楚나라에서 자란 사람이 있었다. 늙어서 고향으로 돌아오게 되었는데, 도중에 진나라까지 오게 되었다. 그때 같이 오던 사람이 그를 놀려줄 생각으로, 어느 도시를 가리키며 말했다.

   "이것이 연나라 도시일세."

   그러자 그는 깜짝 놀라며 얼굴 표정을 바꾸었다.

   "저것이 자네 마을의 사당일세."

   다시 옆 사람이 사당을 가리키며 말하자 그는 깊은 한숨을 내쉬었다.

   "이것이 자네 조상들이 살던 집일세."

   그는 소리 없이 눈물을 주룩 흘렸다.

   이번엔 또 어느 무덤을 가리키며 말했다.

   "이것이 자네 조상의 무덤일세."

   그러자 그는 그만 견디다 못해 엉엉 울어버리고 말았다. 그제야 동행하던 사람은 껄껄 너털웃음을 웃으며 놀려댔다.

"이 사람아, 내가 한 말은 모두가 거짓말이었네. 여기는 아직 진나라일세."

울던 그는 몹시 부끄러워했다.

마침내 그가 연나라로 들어와, 정말 연나라 도시와 자기가 태어난 마을의 사당, 그리고 자기가 태어났던 집과 조상의 무덤들을 보았지만 전과 같이 슬픈 생각이 별로 들지 않았다.

우공(愚公)이 산을 옮기다

탕문(湯問)

　태행산太行山과 왕옥산王屋山은 사방이 700리, 높이가 1만 길이며 원래는 기주冀州 남쪽 하양河陽 북쪽에 있었다.

　북산에 사는 우공愚公이란 사람은 나이가 아흔이 가깝도록 이 두 산을 마주 보며 살아왔다. 그런데 산이 북쪽을 딱 가로막고 있어서 내왕이 몹시 불편한 것을 못마땅하게 생각해오던 우공은 어느 날 가족들을 모아놓고 이런 의논을 했다.

　"나는 너희들과 있는 힘을 다해 험한 산을 편편하게 만들고, 예주豫州 남쪽까지 똑바로 길을 열어 한수漢水 북쪽까지 갈 수 있도록 하고 싶은데 어떠냐?"

　그러자 우공의 부인이 의아한 표정을 지으며 반문했다.

　"당신 힘으로는 조그만 언덕 하나도 제대로 파낼 수가 없을 텐데, 저런 큰 산을 어떻게 하겠다는 거예요? 그리고 파낸 흙과 돌을 어디에 어떻게 옮겨 놓겠다는 겁니까?"

　그러나 다른 가족들은 찬성했다.

　"그 흙과 돌은 발해 끝, 은토 북쪽에 버리면 되겠지요."

합의를 본 우공은 세 아들과 손자들을 데리고, 돌을 깨고 흙을 파내어 소쿠리와 삼태기에 담아 발해 끝에까지 옮겨놓기 시작했다.

우공의 이웃에 사는 경성씨라는 과부에게 겨우 일고여덟 살밖에 되지 않은 사내아이가 있었는데, 그 애도 좋아라고 일을 거들었다. 그런데 1년이 지나서야 겨우 발해까지 한 번 왕복을 마치는 형편이었다.

황하 근처에 사는 지수라는 사람이 그것을 보고 웃으면서 우공에게 충고했다.

"자네, 보아하니 이건 지나치게 바보스러운 짓일세. 여생이 얼마 남지 않은 그 가냘픈 힘으로는 산 한쪽 귀퉁이도 떼어내기 어려울 텐데, 이런 큰 산의 흙과 돌을 어떻게 하겠다는 건가?"

그러자 우공은 딱하다는 듯이 한숨을 쉬며 이렇게 말했다.

"자네같이 천박한 마음을 가진 사람으로서는 도저히 알 수 없을 걸세. 자네의 지혜는 저 과붓집 어린아이만도 못하네. 알겠나? 설령 여생이 얼마 남지 않은 내가 죽는다 해도 자식들은 살아 있을 것이 아닌가. 자식은 손자를 얻고, 그 손자는 또 자식을 낳고 해서 자자손손 영원히 끊어질 리가 없지 않은가. 그런데 산이란 불어나지 않으니, 어느 땐가는 틀림없이 다 파낼 때가 올 것이 아니겠는가?"

지수도 그 말을 듣자 다시 할 말이 없었다.

한편 두 산을 지키는 조사신操蛇神이 이대로 계속되면 필경 산이 없어질 것이 두려워 딱한 사정을 옥황상제에게 호소했다. 옥황상제는 우공의 참된 마음에 감탄한 나머지 힘이 세기로 유명한 천신

天神 과아씨의 두 아들에게 명령해서 태행과 왕옥 두 산을 업어다가 하나는 삭동朔東[1] 땅에, 또 하나는 옹남雍南[2] 땅에 옮겨놓도록 했다. 그 뒤로 기주 남쪽, 한수 북쪽에는 나지막한 언덕 하나도 남아 있지 않게 되었다.

[1] 내몽고 고비사막의 동쪽
[2] 중국 하남성을 일컬음.

들을 사람에게 충고하라

양주(楊朱)

자산子産[1]이 정鄭나라의 재상이 되어 3년 동안 일국의 정치를 한 손으로 요리하게 되었다. 그리하여 착한 사람은 그의 교화에 감복하고, 악한 사람은 그 형벌을 두려워하여 정나라는 살기 좋은 나라가 되었고, 이웃 나라들도 한층 대우를 하게 되었다.

그런데 자산에게는 공손조라는 형과 공손목이라는 아우가 있었다. 조는 술을 좋아하기로 유명했고, 목은 여자를 지나치게 좋아했다. 조의 집에는 술이 1천 석이나 저장되어 있었고, 누룩도 산더미처럼 쌓여 있었으며, 대문에서 100보 바깥까지 술과 술찌끼 냄새가 사람의 코를 찌르는 형편이었다. 그가 한 번 술을 마셨다 하면, 세상이 돌아가는 것도, 무엇이 옳고 그른지도, 집안 형편이 어떻게 돌아가는지도 친척 동기간의 사이가 어떻게 되어 가는지도, 죽고 사는 슬픔과 기쁨 같은 것도 일체가 관심 밖이었고, 홍수나 화재가 눈앞에 닥쳐와도 정신을 못 차릴 정도였다.

한편 목의 저택 깊숙한 곳에는 수십 개의 방이 줄지어 있었고, 방마다 고르고 고른 젊고 아름다운 여인들이 살고 있었다. 그가 한번 음욕이 일었다 하면 가까운 시종들도 다 멀리해버리고, 친구와의 교제도 끊은 채 깊숙한 안방에 틀어박혀 밤인지 낮인지 분간도 못하고, 석 달에 한 번 정도 겨우 얼굴을 내밀 정도였지만 그러고도 만족하지 못한 듯한 태도였다. 근처에 어여쁜 처녀가 있다는 소문만 들으면 돈을 주어 내 것으로 만들든가, 사람을 넣어 중매를 붙이든가 하여 도저히 어찌해볼 수 없다는 것을 알기 전에는 단념을 못하는 형편이었다.

자산은 평소부터 이들 두 형제 때문에 골치를 앓고 있어서 하루는 가만히 등석鄧析이라는 사람을 찾아가 상의를 했다.

"사람들이 말하기를, 몸을 닦은 뒤에 집을 다스리고, 집을 다스린 뒤에 나라를 다스린다고 했는데, 이 말은 곧 가까운 곳에서부터 먼 곳으로 미치게 한다는 뜻이 아니겠는가. 그런데 내 경우는 나라의 정치는 잘 되어가고 있지만 집안은 이런 형편일세. 순서가 바뀐 것 같지만 어떻게 저 두 사람을 건지는 방법이 없을까?"

그러자 등석은 이렇게 대답했다.

"나도 전부터 이상하다고는 생각하고 있었지만 자진해서 말을 못한 것뿐이네. 왜 그들이 맑은 정신으로 있을 때를 틈타서 충고를 해주지 않는가."

그래서 자산은 등석의 의견에 따라, 기회를 틈타 두 형제를 만나 이렇게 충고했다.

"사람이 새나 짐승보다 귀한 까닭은 생각과 판단력이 있기 때문이며, 그런 생각과 판단에 있어서 가장 중요한 것은 예의를 지키는 일이다. 예의를 지키면 명성과 지위는 절로 찾아오게 된다. 그러나 만일 정욕에 따라 행동을 하며 향락에 빠지게 되면 생명마저 위태 롭게 된다. 만일 내가 하는 말을 들어준다면 회개와 동시에 녹을 먹는 귀한 신분이 될 수 있을 텐데……."

　그러자 두 형제는 이렇게 대답했다.

　"우린들 왜 그 정도야 모르겠는가. 그걸 알고 있으면서도 이런 길을 택한 것이며, 그것도 이미 오랜 옛날 일이다. 그런 충고는 들으나마나다. 어찌 보면 사람이 살아간다는 것은 어려운 일이지만 죽는다는 것은 쉬운 일이다. 어려운 삶에서 쉬운 죽음을 기다리는 것이 인생이라면 깊이 생각해볼 문제가 아니겠는가. 예의를 소중 한 것이라 하여 자연의 정욕을 억제하며 명성을 얻는 그런 짓을 할 바엔 차라리 죽는 것이 낫다. 오히려 일생의 환락을 마음껏 즐기고 눈앞의 즐거움을 맛보고 싶은데, 혹시 정력이 모자라 욕망대로 다하지 못하지나 않을까 해서 걱정이다. 세상의 평판이 나쁘다든가, 생명이 위태롭다든가 그런 것을 걱정하고 있을 겨를이 없다. 그런 데 그대는 나라를 다스리는 재주를 남에게 자랑하며 달콤한 소리로 우리의 마음을 흔들어 놓고, 명예나 지위로 우리의 마음을 사려 하고 있으니 그 얼마나 얄팍하고 속없는 짓인가. 우리도 너와는 그만 손을 끊고 싶은 심정이다. 그리고 대체로 겉모양을 다듬는 사람은 사물을 잘 다스리기 어렵고 자기 자신까지 괴롭히게 되지만, 이와는 반대로 마음속을 제대로 다스리는 사람은 사물이 어지러워지는 법도 없으며 타고난 성정도 편하게 된다. 그대와 같이 겉치레에만 치중한다면 그것이 일시적으로는 성과를 거둘지는 모르나 인간의 심리를 정확히 파악하는 경지까지엔 이르지 못할 것이다. 우리처럼 마음을 훌륭하게 다스리는 그런 방법으로 나간다면 그것이 온 천하에까지 미치게 되어, 군신과 상하의 도리 같은 걸 없애버리게 된다. 우리는 일찍부터 이런 방법을 네게 충고해줄 생각이었는데 거꾸로 우리를 설득하려는 것인가?"

자산은 멍하니 대답도 하지 못하고 앉아 있었다. 뒷날 등석을 만나 그런 이야기를 하자, 등석은 이렇게 평했다.

"자네는 도를 깨달은 사람과 같이 있으면서도 그걸 모르고 있었군. 누가 자네를 지혜 있는 사람이라 했는지 모르겠네. 정나라가 잘 다스려진 것도 우연한 일이었을 뿐 자네 때문은 아니었던 것 같네."

---

[1] 중국 고대 정나라의 정치가. 정나라 목공(穆公)의 후손으로 태어나 BC 543년 내란을 진압하고 재상이 되었다. 중국 최초의 성문법(成文法)을 정하여 인습적인 귀족정치를 배격했고, 농지를 정리하여 전부(田賦)를 설정, 국가재정을 강화했다. 또한 미신적인 행사를 배척하는 등 합리적·인간주의적 활동을 함으로써 공자의 사상적 선구가 되었다.

공자도 헷갈리다

탕문(湯問)

공자가 동쪽 지방을 여행하고 있을 때의 일이다. 어느 곳에서 두 아이가 서로 말다툼을 하고 있는 것을 보고 그 까닭을 물었다. 한 아이가 말했다.

"나는 한낮의 해가 아침에 떠오르는 해보다 더 가깝게 있다고 생각해요."

그러자 다른 아이가 말했다.

"나는 아침에 떠오르는 해가 한낮의 해보다 더 가깝게 있다고 생각해요."

첫 번째 아이가 다시 말했다.

"해가 처음 떠올랐을 때는 수레의 덮개만큼 크게 보이지만, 한낮에는 대접 정도로 작게 보이거든. 크게 보이는 것은 가깝기 때문이고 작게 보이는 것은 멀기 때문이야."

그러자 나중 아이는 또 이렇게 말했다.

"해가 처음 뜰 때는 서늘하지만, 한낮이 되면 뜨겁잖아. 이건 가까우면 뜨거워지고 멀면 차가워지기 때문이야."

공자가 얼른 결정을 못 내리고 서 있자, 두 아이는 깔깔거리며 말했다.

"할아버지를 훌륭한 분이라고 말한 것이 대체 누구지?"

상대와 마음을 바꿔 넣다

탕문(湯問)

노魯나라의 공호란 사람과 조趙나라의 제영이란 사람이 둘 다 병이 나서 함께 유명한 의사인 편작에게로 가서 치료를 받았다.

편작은 병을 고쳐주고 나서 두 사람에게 이런 말을 했다.

"두 분의 병은 밖에서 내장으로 들어온 병이라 약으로 고칠 수 있었습니다. 그런데 날 때부터 가지고 있는 병이 또 하나 있는데 몸이 자라나는 대로 점점 악화되어 가고 있어서 그 병마저 고쳐드렸으면 하는데 어떠신지요?"

"그럼 먼저 어떤 병인지 알려주시겠습니까?"

그러자 편작은 공호에게 말했다.

"댁은 마음은 강한데 기운이 약하오. 그래서 생각하는 점은 뛰어나지만 결단력이 부족합니다. 그런데 제영이란 분은 마음은 약하지만 기운은 강합니다. 그래서 생각이 모자라 독단적인 판단과 행동에 빠지기가 쉽습니다. 만일 두 분의 마음을 서로 바꿔 넣는다면 둘 다 균형 잡힌 인격자가 될 수 있을 것입니다만."

그리하여 결국 편작은 두 사람에게 독한 술을 먹여 사흘 동안 마취상태에 빠뜨려 놓고, 가슴을 갈라 염통을 꺼내어 서로 바꿔 붙인 다음 정신이 나는 약을 먹였다. 두 사람은 곧바로 깨어나 하직 인사를 고하고 집으로 돌아갔다.

그런데 제영의 마음을 자기 마음에 갈아 넣은 공호는 제영의 집을 자기 집으로 알고 찾아갔다. 제영의 부인과 아이들이 그가 누구인지 알 리가 없었다. 제영 역시 공호의 집을 자기 집으로 알고 찾아갔기 때문에 똑같은 사태가 벌어질 수밖에 없었다. 그래서 양쪽 집에선 관가에 소송을 제기하게 되었다. 피고로 몰린 두 사람은 편작을 증인으로 세웠고, 편작의 해명에 의해 의심이 풀려 소송은 곧 취하되었다.

생긴 모습대로 살 일이었다.

궁술의 극치에 서다

탕문(湯問)

옛날, 감승甘蠅이란 명궁이 있었다. 그가 활의 줄만 당겨도 짐승이 땅에 쓰러지고 새가 공중에서 떨어지곤 했다. 그의 제자인 비위飛衛는 감승에게서 궁술을 배워 솜씨가 감승을 능가할 정도였다. 그때 기창紀昌이란 사람이 비위에게 궁술을 배우기를 원했는데, 그는 비위로부터 이런 교훈을 받았다.

"너는 먼저 눈을 깜빡거리지 않는 연습부터 해야 한다. 눈을 깜빡거리지 않게 된 뒤라야 활에 대한 이야기를 들을 수 있다."

그는 집에 돌아오자, 아내가 짜고 있는 베틀 밑에 반듯하게 누워서 베틀체가 오르내리는 것을 눈여겨보는 연습을 했다. 그래서 두 해 뒤에는 송곳 끝이 눈시울을 향해 떨어져도 눈 하나 깜빡이지 않게 되었다. 그런 사실을 비위에게 보고했지만 비위는 또 그를 돌려보냈다.

"그것만으로는 아직 멀었다. 다음과 같이 보는 연습을 끝마치면 그런대로 배울 수 있을 것이다. 작은 것이 큰 것같이 보이고, 먼 것이 똑똑히 보이게 되거든 내게로 와서 일러라."

그래서 기창은 남쪽 창문에 말총으로 이를 매달아 놓고 멀리서 그것을 바라보기 시작했다. 열흘쯤 지나자 이가 점점 크게 보였고 3년 후에는 수레바퀴만큼 크게 보였다. 그 눈으로 다른 물건을 바라보면 모두 산더미처럼 크게 보였다. 그래서 연나라에서 나는 뿔로 만든 활에 북쪽에서 나는 쑥대 화살을 재어 쏘았더니, 화살은 보기 좋게 이의 염통을 꿰뚫었는데 이를 매둔 말총은 끊어지지 않은 채 그대로 남아 있었다. 이 사실을 비위에게 보고하자, 비위는 껑충 뛰어오르며 매우 기뻐했다.

"너도 이젠 성공을 하게 되었구나."

기창은 비위의 재주를 다 배우고 난 다음, 이제 자기를 대적할 수 있는 자가 과연 누군가 생각했다. 단 한 사람 비위밖에 없었다. 그래서 비위를 죽여 없애기로 결심했는데, 어느 날 들 한가운데서 서로 마주치게 되었다. 두 사람은 서로 상대방을 향해 활을 쏘았으나 화살이 중간에서 맞부딪치는 순간 그대로 땅에 떨어져 먼지 하나 일지 않았다. 그렇게 마주 쏘는 동안 비위의 화살이 먼저 떨어지고, 기창에게는 하나가 남아 있었다. 기창이 하나 남은 화살을 쏘아 보내자, 비위는 가시나무 가시로 그것을 감쪽같이 받아넘겼다.

이윽고 두 사람은 울면서 활을 집어던지고 땅바닥에 엎드려 마주 절을 하고는 부자의 의를 맺었다. 둘은 팔뚝을 베어 피를 내고, 활의 비법을 다시는 세상에 전하지 말자고 맹세했다.

말을 모는 데도 비결이 있다

탕문(湯問)

조보造父[1]의 스승으로 태두씨泰豆氏라는 사람이 있었다. 조보가 그에게서 말 모는 법을 배우기 시작하면서 예를 다하여 극진히 그를 모셨으나, 3년 동안 태두씨는 아무것도 가르쳐 주는 것이 없었다. 그러나 조보는 조금도 변함없이 그를 극진히 섬겼다. 그러자 그가 비로소 이런 말을 들려주었다.

"옛 시詩 가운데 훌륭한 궁수弓手의 아들은 반드시 튼튼한 가죽옷을 먼저 만든다고 했다. 너도 먼저 내 걸음걸이부터 배워야 한다. 나처럼 걸을 수 있어야만 비로소 여섯 개의 고삐를 잡고, 여섯 마리의 말을 몰 수 있게 된다."

"가르치신 대로 하겠습니다."

그러자 태두씨는 나무 말뚝을 박아 길을 만들었다. 그 말뚝은 겨우 발을 올려놓을 정도였는데, 발걸음 너비에 맞춰 세워두고 그 위를 빠른 걸음으로 왔다 갔다 했다 그러나 발을 헛디디는 일은 없었다. 조보는 그것을 배우기 시작한 지 사흘 만에 완전히 터득해버렸다. 그러자 태두씨는 감탄하여 말했다.

"너는 참으로 영리하고 이해가 빠르구나. 말을 모는 기술이란 것도 이와 다를 것이 없다. 지금 네가 걷는 것도 마음이 생각하는 대로 발을 움직였기 때문이다. 말 모는 기술도 이처럼 고삐를 당겨 수레를 안정시키고, 말머리를 당겼다 늦췄다 조절하게 되는데 이는 마음속으로 자질을 해가며 손끝으로 그것을 가늠하게 된다. 자기 마음속에 깨닫는 무엇이 있어야 말의 비위도 맞출 수 있는 것이다. 그렇게 되면 말을 앞으로 몰든 뒤로 물리든 먹줄을 칠한 듯이 곧게 되고, 돌아서든 방향을 바꾸든 보기 좋게 직각으로 되고 둥글게도 되며, 멀리 가더라도 힘에 여유가 생긴다. 이래야만 진정으로 말을 몰 줄 안다고 할 수 있다. 재갈이 있는 곳에서 말의 마음을 파악하여 그것을 고삐로 옮겨오고, 고삐에서 손으로 옮긴 다음 손에서 마음으로 전하게 되면 눈으로 보지 않아도, 또 채찍으로 말을 몰지 않아도 마음은 조용하고 자세는 바르게 되고, 여섯 마리 말의 고삐가 어지러워지는 일이 없이 스물네 개의 발굽이 제 위치를 잃지 않게 되어, 돌고 나아가고 물러나는 것이 절도 있게 행해진다. 이렇게 되면 수레바퀴에는 그 폭 이상의 지면은 필요 없게 되고, 말발굽에는 그 크기 이상의 지면이 필요 없게 된다. 그리하여 산과 골짜기의 험한 곳도, 초원과 습지대의 넓은 곳도 아무 거리낌 없이 똑같이 느껴지게 된다. 이것이 내 기술의 비결이다. 너도 이 점을 마음에 새겨두어라."

---

[1] 주나라 목왕(穆王)의 말몰이로 이름을 떨친 명인

천명(天命)을 따르라
역명(力命)

인력人力이 천명天命에게 말했다.

"당신의 능력과 내 것을 비교하면 어느 쪽이 나을까요?"

"당신은 어떤 능력을 가지고 있기에 나와 비교를 하는 거죠?"

"사람이 오래 살고 일찍 죽는 것도, 망하고 흥하는 것도, 귀하게 되고 천하게 되는 것도, 가난하게 살고 부자로 사는 것도 모두가 내 힘에 의존하기 때문이오."

그러자 천명은 이렇게 받았다.

"팽조彭祖[1]란 사람은 지혜는 요순보다 나을 것이 없었지만 800년이나 살 수 있었고, 공자의 제자 안회顔回[2]의 재주는 범인보다 못한 편이 아니었는데도 서른두 살로 죽었소. 공자의 덕이 제후들만 못하지는 않았지만 진陳나라와 채蔡나라 사이에서 심한 고난[3]을 겪었고, 은殷나라 주왕은 은나라 삼인의 현자로 알려진 미자微子, 기자箕子, 비간比干보다 위라고는 할 수 없는데도 천자의 자리에 있었소. 또 오나라에서 어질기로 소문난 계찰季札이라는 사람은 벼슬에 나가지 못했고, 어질지도 못한 전항田恒[4]은 제나라 정치를 혼자 휘둘렀고 백이숙제[5]는 수양산에서 굶어죽었고, 노나라 계손씨季孫氏[6]는 훌륭하다고 이름난 전금展禽[7]보다 풍족한 생활을 했소. 만일 이런 것들이 다 인력으로 이루어진 것이라면, 어째서 한쪽은 오래 살게 하고, 한쪽은 일찍 죽게 하며, 성인을 망하게 만들고 무도한 사람을 흥하게 만들며, 어진 사람을 천하게 만들고 어리석은 사람을 높은 지위에 올려놓으며, 착한 사람을 가난하게 하고 악한 사람을 부자로 만들고 하는 것이오?"

"결국 당신의 말대로라면, 나는 사물에 대해 별로 큰 역할을 하지 못한다는 이야기가 되겠는데, 그렇다면 세상에 있는 것들이 그렇게 되는 것은 당신이 지배하고 있기 때문이란 말이오?"

"아니지, 천명이라는 이름이 붙은 이상 어떻게 그런 것을 지배할 수 있겠소. 나는 다만 곧은 것은 곧은 그대로 뻗어가게 놓아두고, 굽은 것은 굽은 그대로 내버려둘 뿐이오. 오래 살든 일찍 죽든, 망하든 흥하든, 귀하게 되든, 천하게 되든, 부자가 되든 가난뱅이가 되든 모두가 자연 그대로 되는 것일 뿐, 내가 무엇 때문에 그런 걸 알려 하겠소. 나와는 아무런 상관도 없는 것이오."

[1] 800년이나 살았다는 중국의 전설 속 인물
[2] 춘추시대 노나라의 현인(賢人). 공문십철(孔門十哲 : 공자문하 열 사람의 철학자)의 한 사람으로 공자가 가장 신임했던 제자
[3] 공자가 초나라에 초빙되어 가다가 진나라와 채나라 사이의 들판에서 양국의 대부들에게 저지되었던 일

⁴제나라는 본래 강씨(姜氏)의 것인데, 강탈하여 임금 자리를 빼앗은 인물

⁵은나라 고죽군(孤竹君)의 아들로 왕위를 서로 양보했고, 주나라 무왕(武王)이 은나라 주(紂)를 토벌하자 천자를 공격한 신하라며 섬기기를 거부하고 수양산에 들어가 고사리를 캐어먹다 죽어 충신의 대명사가 됨.

⁶춘추시대 노나라의 권세가

⁷춘추시대 노나라의 성인(聖人)

병(病)은 하늘도 모른다
역명(力命)

양주楊朱에게 계량季梁이라는 친구가 있었다. 언젠가 계량이 병이 들어 이레를 앓는 동안 몹시 중태에 빠졌다. 아들들이 주위에 둘러앉아 슬피 울며 의원을 부르려고 하자, 계량은 양주에게 말했다.

"내 자식들은 모두 못난 놈들뿐이라서 보다시피 저 모양들이 아닌가. 수고스럽지만 나를 위해 노래라도 불러 자식들을 깨우쳐 주게."

그래서 양주는 이런 노래를 불렀다.

하늘도 모르는 것을
사람이 어떻게 알리.
행복도 하늘의 덕은 아니며
재난도 사람이 한 짓은 아니다.
나와 그대는 훤히 알지만
의원이나 무당이 알 리가 없지.

그러나 아들들은 무슨 뜻인지를 알지 못하고, 결국 세 사람의 의원을 부르기로 했다. 한 사람은 교씨라 했고, 다른 한 사람은 유씨, 또 한 사람은 노씨였다. 진찰을 마치자 교씨는 계량에게 말했다.

"당신은 추위와 더위를 적당히 조절하지 못하고, 허실이 균형을 잃고 있습니다. 병은 음식이나 남녀관계에 마음을 지나치게 썼기 때문에 생긴 것이지 하늘 때문도, 귀신 때문도 아닙니다. 병이 상당히 깊기는 하지만 고칠 수는 있습니다."

"돌팔이 의원이다. 당장 쫓아버려라."

계량이 명령하자, 다음 유씨는 이렇게 말했다.

"당신은 태어날 때부터 기운을 잘 타고 나지 못했는데, 어머니의 젖이 너무 많았습니다. 병은 하루 이틀에 생긴 것이 아니고 오랫동안 두고두고 커진 것이므로 이젠 고칠 수가 없습니다."

그러자 계량은 아들들에게 말했다.

"보통 의원이 아니다. 음식 대접이라도 해서 보내라."

다음으로 노씨는 이렇게 말했다.

"당신의 병은 하늘 때문도 아니요, 사람 때문도 아니며, 귀신 때문도 아닙니다. 세상에 태어날 때부터 이미 이런 병에 걸리도록 정해져 있었기 때문에 아무리 약을 쓰고 침을 놓아봐야 병을 어떻게 해볼 도리가 없습니다."

그러자 계량은 무릎을 쳤다.

"참으로 명의다. 후히 대접해서 보내도록 해라."

그리고 나서 계량의 병은 저절로 낫게 되었다.

죽는 것은 슬프지 않다

역명(力命)

제齊나라 경공景公이 서울 교외에 있는 우산牛山에 올라가 북쪽으로 즐비하게 늘어서 있는 서울 거리의 풍경을 굽어보고는 눈물을 흘리며 이렇게 말했다.

"정말 아름다운 나라다. 나뭇잎도 참으로 무성하구나. 어떻게 이런 나라를 두고 죽을 수 있단 말인가. 이 세상에 죽음이란 것이 없다면 참으로 좋으련만……."

경공의 대신인 사공史孔과 양구거梁丘據는 경공의 그런 말을 듣자 덩달아 울면서 말했다.

"소인들은 전하 밑에서 마른 나물이나 상한 고기라도 먹을 수 있고, 짐 실을 말이 있고 낡은 수레라도 타면서 살아갈 수 있다면 조금도 죽고 싶은 생각이 없을 것입니다. 하물며 전하의 경우야 더욱 그러하지 않겠사옵니까."

그러나 대신인 안자晏子[1]만은 옆에서 그런 말을 들으며 웃고만 있었다. 경공은 눈물을 닦으며 안자에게 물었다.

"과인은 오늘 이곳에서 나도 죽어야 한다는 것을 생각하며 참으로 슬퍼졌소. 사공과 양구거도 함께 울어주었는데, 경만이 혼자 웃고 있으니 어찌된 일이오?"

안자는 이렇게 대답했다.

"만일 어진 임금이 언제까지나 죽지 않고 제나라를 다스릴 수 있었다면, 태공망太公望[2]이나 환공桓公[3]이 틀림없이 그렇게 되었을 것이옵니다. 이런 분들이 제나라를 다스리고 있다면 전하께서는 도롱이와 삿갓을 쓰고 논밭에서 농사일을 하기에 바빠 죽고 싶지 않다는 그런 생각을 가질 겨를마저 없었을 것이옵니다. 더구나 전하께서 임금이 되시는 것 같은 그런 일은 있을 수 없었을 것입니다. 어떤 임금이라도 죽을 수밖에 없기 때문에 전하께 그 차례가 돌아오게 된 것입니다. 그런데 전하만이 죽고 싶지 않다면서 울고 계신다면 너무 내 욕심만 차리는 것이 아니옵니까? 소신은 그런 임금님과 임금님의 비위를 맞추려는 신하들을 지금 보게 되어 혼자 웃었던 것이옵니다."

경공은 어찌나 무안했던지 손수 잔을 들어 벌주를 마시고, 사공과 양구거에게도 각각 두 잔씩 벌주를 마시게 했다.

---

[1] 중국 춘추시대 제나라의 정치가로 관중(管仲)과 함께 훌륭한 재상으로 이름을 떨쳤다.
[2] 주나라 초기의 정치가이자 공신. 무왕을 도와 은나라를 멸망시켜 천하를 평정했으며 제나라의 시조가 되었다. 본명은 강상, 강태공
[3] 춘추시대 제나라의 군주. 포숙아(鮑叔牙)의 진언으로 이복동생 규의 옛 신하인 관중을 재상으로 기용한 뒤 패자(覇者)의 자리를 확고히 하여 춘추오패의 한 사람이 됨.

원래대로 된 것뿐이다

역명(力命)

위魏나라에 동문오東門吳라는 사람이 있었다. 그는 아들이 죽었는데도 조금도 슬픈 기색이 보이지 않았다. 보다 못해 그의 아내가 물었다.

"당신은 끔찍이도 자식을 사랑하더니만 그 자식이 죽었는데 조금도 슬퍼하는 기색이 없으니 어떻게 된 노릇입니까?"

그러자 동문오는 태연하게 대답했다.

"그동안에도 내게 자식이 없지 않았는가. 자식이 없었을 때 별로 자식 없는 것이 슬픈 줄을 모르고 지내왔지. 지금도 그때와 다를 것이 없지 않은가. 다시 원래대로 된 것뿐이니 슬퍼할 것까지야 없지 않은가?"

오래 살기를 바란다면

양주(楊朱)

양주楊朱[1]의 제자인 맹손양孟孫陽이 선생에게 물었다.

"어느 한 사람이 삶을 중요하게 생각하고 자기 몸을 소중히 여기며, 죽지 않기를 바란다면 그것이 가능해질까요?"

"죽지 않는 도리는 있을 수 없다."

"그럼 오래 살기를 바란다면 그것은 가능하겠습니까?"

"오래 사는 특별한 방법도 있을 수 없다. 삶이란 귀중히 여긴다고 해서 얻어지는 것이 아니며, 몸은 소중히 한다고 해서 튼튼해지는 것도 아니다. 그리고 오래 살아서 어찌하겠다는 건가? 사람의 오정五情[2]은 예나 지금이나 변함이 없다. 몸의 안위도, 세상의 고락도, 변화와 혼란에 빠진 세상을 다스리는 것도 다 예나 지금이나 다를 것이 없다. 그런 것들은 우리가 벌써 보고 듣고 경험해온 것들이다. 그렇다면 100년의 수명도 너무 긴 것이 아닌가. 하물며 언제까지나 살아남아 고통을 더하려 하다니 될 법이나 한 일인가."

"그렇다면 일찍 죽는 것이 오래 사는 것보다 낫다는 말씀이 되겠는데, 그럼 칼날 앞에 몸을 드러내고 끓는 물이나 불 속으로 뛰어들면 원대로 되겠네요."

그러자 양자는 이렇게 대답했다.

"그런 건 아니다. 사람으로 태어난 이상 그냥 되어가는 말겨두고, 하고 싶은 일을 하면서 죽기를 기다려야 한다. 그리고 죽게 되었을 때도 역시 되어가는 대로 맡겨두고 있다가 마지막까지 가서 죽으면 그만인 것이다. 어느 것이고 되어가는 대로 내맡기고 산다면, 새삼스레 오래 살려 한다든가 일찍 죽으려고 생각할 필요는 조금도 없게 된다."

---

[1] 양자(楊子)와 같은 인물. 전국시대 위나라 사람으로 자는 자거(子居), 양자, 양생, 양자거로도 불린다. 철저한 개인주의자이며 쾌락주의자라는 비난을 받았다.
[2] 사람이 가진 다섯 가지 감정인 희(喜), 노(怒), 애(愛), 락(樂), 욕(欲)을 말하며 락(樂) 대신 오(惡)를 넣기도 한다.

순한 사람과 둔한 사람

양주(楊朱)

양주楊朱는 다음과 같이 말한다.

사람이 아등바등하며 조금도 편할 날이 없는 것은, 다음 네 가지 때문이다. 그 첫째는 오래 살려는 욕심, 둘째는 명예욕, 셋째는 지위를 차지하려는 마음, 넷째는 재물을 탐하는 마음이다. 이 네 가지 소망을 가진 사람은 죽는 것을 무서워하고, 남을 무서워하며, 권력을 무서워하고, 형벌을 무서워한다. 이런 사람을 가리켜 둔인, 즉 도망 다니는 사람이라 한다. 이 같은 사람은 죽든 살든 그의 운명이 남의 손에 쥐어져 있는 셈이다.

반면에 자연에 순응하고 명예를 부러워하지도 않으며, 권력을 휘두를 생각이 없어 지위를 탐내는 일도 없고, 부자가 부럽지 않기 때문에 재물을 욕심내는 일도 없는 사람을 가리켜 순민, 즉 순한 백성이라 부른다. 이런 사람은 세상을 거스르는 일이 없고, 운명이 자기 손아귀에 쥐어져 있다. 그렇기에 옛말에도 '사람이 만일 결혼이나 벼슬을 하지 않으면 정욕도 반으로 줄어든다. 사람이 만일 입고 먹지 않는다면 군신君臣의 도리 따위도 필요치 않게 된다.'고 했다.

주나라 속담에 '늙은 농부는 앉혀 놓으면 죽는다.'는 말이 있다.

농부들은 아침 일찍 들판으로 나가 밤늦게 집으로 돌아오며, 그 것이 자기의 분수인 줄 생각하고, 콩죽 같은 험한 음식을 먹으면서도 그것을 천하별미로 알고 있으며, 살결은 거칠며 두껍고, 근육은 불끈 불거져 있다. 그러므로 일단 이 가난한 농부를 털 담요와 비단 방석에 앉혀 놓고 맛있는 쌀밥과 고기반찬과 과일들을 먹게 하면, 마음은 나른해지고 몸은 지쳐버려 마지막엔 열이 북받쳐 병들어 죽게 된다. 또 이와는 반대로, 송나라나 노나라의 귀족들에게 농부와 똑같이 논밭을 주어 일을 시킨다면 이들 역시 석 달도 못가서 병들어 죽고 말 것이다.

농부들은 자기가 편하다고 생각되는 곳과 맛있다고 생각되는 음식을 천하제일인 것으로 알고 있다. 한 가지 예로, 옛날 송나라에 한 농부가 있었다. 그는 언제나 누더기를 걸치고 겨우겨우 겨울을 지낸 다음, 봄이 되면 들로 나가 농사일을 시작하며 따뜻한 햇볕에 몸을 내맡겼다. 이 농부는 이 세상에 큰 저택이나 따뜻한 방이 있는 것도, 솜옷이며 여우나 담비의 털옷이 있는 것도 모르고 있었다.

어느 날 농부는 그의 아내에게 이렇게 말했다.

"햇볕을 쬐는 따뜻한 맛은 아무도 모를 거야. 이것을 임금님께 말씀드리면 틀림없이 상을 주실 거야."

이 말을 들은 마을의 부자 한 사람이 그 농부를 이렇게 깨우쳐 주었다.

"옛날, 들콩과 미나리를 맛있는 것으로 믿고 있는 한 사람이 그 고을의 양반에게 그것들이 기가 막히게 맛이 있는 것이라고 일러 주어서 양반은 그것을 가져오라 하여 먹어보았다. 그랬더니 입안이 따끔따끔해지고 뱃속이 울렁거려 요란을 떨지 않았겠나. 남의 웃음거리가 된 양반은 그 농부를 불러 호통을 쳤고 농부는 공연한 욕을 먹게 되었는데, 임자가 바로 그 짝이로군그래."

앞서가려면 남의 뒤가 되어라

설부(說符)

열자가 호구자림壺丘子林[1]에게서 배우고 있을 때의 일이다. 호구자림은 이렇게 말했다.

"너도 남의 뒤가 되는 법을 알면 네 몸을 보존할 수 있다."

"남의 뒤가 되려면 어떻게 해야 합니까?"

"네 그림자를 보면 알 수 있다."

열자가 머리를 돌려 자기 그림자를 보니, 몸이 굽으면 그림자도 굽고, 몸이 반듯하면 그림자도 반듯했다.

결국 그림자는 굽히는 것도 곧게 하는 것도 몸이 하는 그대로 따라할 뿐이었다. 마찬가지로 모든 일에서 구부리든 펴든 형편에 따라 그대로 하면 된다. 이것이 남의 뒤가 되면서도 실상은 남의 앞이 되는 것이다.

---

[1] 열자의 스승. 열자, 노자, 장자는 도가의 3대 성인이라 함.

멀리 보면 재앙을 면한다

설부(說符)

열자는 너무 가난해서 얼굴에 궁기가 잔뜩 흘렀다. 그것을 보고 누군가가 정鄭나라 재상인 자양子陽에게 말했다.

"열어구(列禦寇 : 열자의 본명)는 훌륭한 선비라 하지 않습니까? 그가 정나라에 살고 있으면서 몹시 가난에 시달리고 있는 모양인데, 결국은 재상인 당신이 선비를 좋아하지 않기 때문이라는 평을 듣지 않겠소?"

그래서 자양은 즉시 사람을 시켜 열자에게 쌀을 보내주도록 했다. 열자는 문 밖에까지 나와서 사자를 정중히 맞아들였지만 쌀만은 거절했다. 사자를 보내고 열자가 안으로 들어오자 부인은 가슴을 치며 안타까워했다.

"나는 훌륭한 선비의 처자가 되면 누구나 편안히 살게 되는 줄로 알았는데 끼니조차 잇지를 못하고, 게다가 재상이 동정해서 보내주는 쌀마저 사양을 하니 너무하지 않습니까?"

그러자 열자는 웃으면서 이렇게 대답했다.

"재상이 자기 스스로 나를 생각해서 보내온 것이 아니고, 남의 말만 듣고 보낸 것입니다. 그렇다면 내게 죄를 씌울 때도 역시 남의 말에 따라할 것이 아니겠소. 그래서 받지 않았을 뿐이오."

그 뒤 과연 정나라 사람들은 난을 일으켜 자양을 죽였지만, 열자는 그와 같은 일당으로는 몰리지 않았다.

때를 만나야 한다

설부(說符)

노魯나라의 시씨施氏 집에 두 아들이 있었다. 하나는 학문을 좋아했고 하나는 병법을 즐겼다. 학문을 좋아하던 아들은 제齊나라 임금을 찾아가 공자의 스승이 되었고, 병법을 즐기던 아들은 초楚나라로 가서 대장이 되었다. 이리하여 두 아들은 나라에서 받는 녹으로 집을 부하게 만들었고, 그들의 출세는 가문의 자랑이 되었다.

시씨의 이웃에 사는 맹씨孟氏 집에도 역시 두 아들이 있었다. 그들 역시 하나는 학문을 좋아했고, 하나는 병법을 공부하고 있었다.

몹시 가난했던 그들은 시씨가 잘사는 것을 보자 부러운 생각이 들어 그 집으로 찾아가 출세하는 방법을 물었다. 시씨 집 두 형제는 그들이 해온 그대로를 일러주었다. 그 이야기를 듣고 난 맹씨집 아들 중 한 사람은 진나라로 가서 그가 배운 학문을 가지고 진나라 왕을 달래보았다. 그러자 진왕은 노하여 다음과 같이 말했다.

"지금은 제후들이 실력으로 서로 겨루고 있는 시대이므로, 힘을 기울여야 할 일은 군사를 튼튼히 하는 것과 식량을 풍부히 하는 것뿐이다. 인의로써 나라를 다스린다면 멸망을 불러올 따름이다."

결국 맹씨의 한 아들은 궁형을 당한 다음 내쫓기고 말았다. 또 한 아들은 위나라로 가서 병법으로 위나라 임금을 달랬다. 그러나 위나라 임금 역시 맹씨 아들의 기대와는 다른 대답을 했다.

"우리나라는 힘이 약한 나라로, 큰 나라들 틈에 끼어 있어서 큰 나라를 잘 섬기고 작은 나라들과 가깝게 지내는 것이 나라를 평안히 하는 길이다. 만일 무력이나 권모술수를 함부로 쓰다가는 당장 망하고 만다. 그러나 이 사람을 이대로 돌려보내게 되면 다른 나라로 가서 우리나라를 해롭게 할 염려가 많다."

그렇게 말하고는 다리를 자르는 월형에 처해 노나라로 돌려보냈다. 이렇게 돌아오게 되자, 맹씨 집 세 부자는 가슴을 치며 원수라도 되는 듯이 시씨를 찾아가 원망을 했다. 그러자 시씨는 이렇게 대답했다.

"무릇 시기를 탄 사람은 일어나고, 시기를 잃은 사람은 망하는 법이다. 당신들이 한 일은 우리와 똑같은데, 그 결과가 다른 것은 시기를 타지 못한 까닭이오. 그리고 세상 이치란 반드시 옳고 그른 것이 결정되어 있는 것이 아니오. 앞에 쓰이던 것이 지금은 버려지기도 하고, 지금 버려졌던 것이 뒤에 쓰이기도 하는 거요. 결국 사물이 쓰이고 쓰이지 않는 것은 일정하게 옳고 그른 것이 있어서가 아니오. 기회를 알고 시기를 보아 그때그때 일에 따라 변통하는 것은 지혜에 관한 문제가 아니겠소. 당신들의 학문이 공자처럼 넓고, 병법이 여상呂尙[1]과 같이 훌륭하더라도 지혜가 부족하면 가는 곳마다 불행한 일을 당하게 마련입니다."

맹씨 집 부자는 그 말에 비로소 깨닫는 바가 있었던지 찌푸린 얼굴을 폈다.

"잘 알았습니다. 더 이상 말씀하지 않으셔도 좋습니다."

그러고 나서 돌아갔다.

[1] 강태공(姜太公), 태공망(太公望)

앞만 보고 가다 보면

설부(說符)

진晉나라 문공文公이 국외로 나가 제후들과 모임을 갖게 되었을 때, 그는 위衛나라를 치겠다고 했다. 옆에 있던 공자公子 서鋤가 하늘을 바라보며 껄껄 웃었다. 문공이 왜 그렇게 웃느냐고 꾸짖자, 서는 이런 대답을 했다.

"신은 이웃집 사람의 이야기가 생각나서 웃었습니다. 그는 친정으로 근친覲親을 가는 아내를 데리고 길을 가는 도중, 길가에서 뽕따는 여인을 보게 되었는데 갑자기 엉큼한 욕심이 일어 수작을 붙이고 있었습니다. 그러다가 무심코 뒤를 돌아다보니 자기 아내를 손짓해 부르는 남자가 있더라는 것입니다. 신은 문득 그 생각이 나서 웃었습니다."

문공은 그의 말뜻을 깨닫고, 곧 위나라를 치려던 계획을 중지하고는 군사를 이끌고 본국으로 떠났는데, 미처 국경에 이르기도 전에 북쪽을 침범해온 적이 있다는 보고를 받게 되었다.

도둑을 없애는 법
설부(說符)

진晉나라는 도둑이 많아 곤란을 겪고 있었다. 그런데 극옹郤雍이란 사람이 있어서 얼굴만 척보고 눈치만 한 번 살피면 도둑인지 아닌지 금방 알아내곤 했다. 그래서 임금은 그에게 도둑을 잡게 해보았더니 1천 명에 단 한 사람도 틀리는 일이 없었다. 임금은 크게 기뻐하며 조문자趙文子[1]에게 자랑을 했다.

"나는 단 한 사람을 얻음으로써 나라 안 도둑을 근절시킬 수 있게 되었다."

그러자 조문자는 이렇게 대답했다.

"임금께서는 한 사람의 도둑잡이만을 믿고 도둑을 잡으려 하신다면 도둑이 근절되지 않을 것입니다. 그리고 그 극옹이란 사람도 틀림없이 제 명에 죽지는 못할 것이옵니다."

그러는 동안 도둑들은 한자리에 모여 대책을 강구했다.

"우리가 고통을 받게 되는 것은 모두가 극옹이란 놈 때문이다."

도둑들은 이렇게 결론을 내리고 극옹을 유인해서 죽여버리고 말았다. 임금은 소문을 듣고 깜짝 놀라 즉시 조문자를 불러오게 했다.

"과연 경이 말한 대로 극옹은 죽고 말았다. 그렇다면 도둑을 잡는 데에 어떤 수가 있다는 건가?"

조문자는 이렇게 대답했다.

"주나라 속담에 〈못에 숨어 있는 고기까지 들여다보는 것은 좋지 못한 일이요, 사람의 비밀까지 알아내는 영리함은 재난을 받게 된다.〉고 했습니다. 만일 임금께서 도둑을 없애시려거든 어진 사람을 등용해서 정치를 맡게 하고, 가르침이 위로부터 아래로 미치게 하시는 것이 가장 빠른 길입니다. 백성들이 염치를 알게 되면 도둑질은 자연스럽게 하지 않게 됩니다."

그래서 진나라 임금이 수회隨會[2]를 등용해서 정치를 맡기자 과연 도둑들은 모두 이웃나라로 달아나 버리고 말았다.

---

[1] 노자의 제자라고 한다. 저서인 〈문자(文子)〉 2권이 전해오는데, 후세 사람의 저서라는 것이 정평으로 되어 있다.
[2] 진나라의 정치가. 본명은 사회(士會), 수계(隨季)라고도 한다.

성인의 말씀은 나중에라도 이루어진다
설부(說符)

송宋나라에 인의를 행하기를 좋아해서 3대를 내려오며 그러기를 게을리 하지 않는 집이 있었다. 그 집에서 한 번은 별로 그럴 만한 이유도 없는데 검은 소가 흰 송아지를 낳았다. 공자에게 물었더니 공자는 이렇게 대답했다.

"그건 좋은 징조다. 옥황상제에게 바치는 것이 좋을 것이다."

그러고 나서 1년쯤 지나자, 아버지 되는 사람이 아무 이유도 없이 눈이 멀어버렸다. 그러고는 앞서 그 검은 소가 또 흰 송아지를 낳았다. 아버지는 이번에도 또 아들에게 공자에게 가서 물어보라고 했다. 그러자 아들은 가기를 꺼려했다.

"앞서 물어보러 갔을 때도 좋은 징조라고 했는데 아버님께서 앞을 못 보시게 되지 않았습니까? 더 이상 물어볼 필요는 없는 줄 압니다."

"아니다. 성인의 말씀이란 처음엔 틀리는 것 같아도 나중엔 맞는 법이다. 앞으로 어떤 일이 있을지 아직은 모르는 일이니 좌우간

여쭤보고 오너라."

아버지가 이렇게 말하자 아들은 다시 공자에게로 갔다. 공자는 역시 똑같은 얘기를 했다.

"좋은 징조다."

또 그 송아지는 옥황상제께 제사를 드리라고 했다. 아들이 돌아와 그대로 보고하자, 아버지는 아들에게 말했다.

"공자가 시키신 대로 해라."

그리고 1년쯤 지나서 그 아들 역시 원인 모르게 눈이 멀어버렸다. 그 뒤, 초나라가 송나라로 쳐들어와 부자父子가 살고 있는 성을 포위했다. 성 안 사람들은 식량이 떨어져 어린아이들을 서로 바꿔 잡아먹는가 하면, 죽은 사람의 뼈를 깨어 불을 때는 지경에 이르렀다. 젊은 사람과 장년들은 모두 성 위로 올라가 적과 싸우다 반 이상이 전사했다. 그러나 두 부자만은 앞을 못 보는지라 싸움에 끌려나가는 일도 없이 온 집안이 무사했으며, 게다가 전쟁이 끝나 평화로워지자 부자가 다 같이 앞을 보게 되었다.

운명이 달라진 두 광대

설부(說符)

송宋나라에 한 광대가 살고 있었는데 원군元君에게 재주를 팔러 갔다. 원군 앞에서 광대는 자기 키의 배나 되는 몽둥이 2개를 정강이에 올려놓고, 걸어가기도 하고 뛰어 돌아다니기도 했으며, 혹은 일곱 자루의 칼을 두 손에 쥐고 구슬을 던지듯 공중으로 번갈아 던져 올리는데 다섯 자루는 언제나 공중에 떠 있었다.

원군은 감탄한 나머지 즉시 상금을 주도록 했다. 그러자 재주가 뛰어난 다른 한 명의 광대가 그 이야기를 듣고, 자기도 재주를 보여주겠다고 원군을 찾아왔다. 그랬더니 원군은 크게 화를 냈다.

"앞서는 이상한 재주를 가진 사람이 왔다기에 구경을 했다. 아무 쓸데없는 짓이긴 했지만 다소 신기한 점도 없지 않았기 때문에 상금을 주었다. 그런데 이 녀석은 그 소문을 듣고 그런 상금을 탈 생각으로 일부러 찾아왔구나."

원군은 그가 괘씸하여 잡아 가둔 다음 죽이려다가 몇 달 후 그냥 놓아주었다.

이현령비현령

설부(說符)

　우결牛缺은 상지라는 지방에 사는 유명한 선비였다. 그가 조趙나라 서울 한단邯鄲으로 가던 도중 우수의 벌판에서 강도들을 만났다. 강도는 그의 옷은 물론 수레와 소까지 몽땅 빼앗았다. 하지만 우결은 조금도 난처해하는 표정이 없이 그대로 태평스럽게 걸어가고 있었다. 강도들은 그런 광경을 보자 뒤쫓아 가서 그 이유를 물었다. 그러자 그는 태연하게 대답했다.

　"군자는 재물로 인해 내 마음을 상하게 하는 그런 짓은 하지 않는다."

　강도들은 모두 감탄했다.

　"과연 어진 사람이다."

　하지만 강도들은 생각이 달라져 이런 상의를 했다.

　"저렇게 훌륭한 사람이 한단으로 가서 크게 출세라도 해서 우리들을 문제로 삼는다면 재미없을 것이 아닌가. 아예 죽여 없애버려야 후환이 없을 것이다."

그래서 그들은 다시 뒤쫓아 가서 그를 죽이고 말았다.

연燕나라의 어떤 사람이 이 이야기를 듣고 가족들을 모아놓고 타일렀다.

"강도를 만났을 때 상지의 우결처럼 해서는 안 된다."

모두 그 말을 옳은 것으로 받아들였다.

얼마 후 그의 아우가 진나라로 가게 되었는데, 함곡관函谷關 아래에 이르자 역시 강도떼를 만나게 되었다. 그는 형의 교훈이 머리에 떠올라서 있는 힘을 다해 싸웠으나 결국은 가지고 있던 것들도 몽땅 빼앗기고 말았다. 그리고 이번에는 강도의 뒤를 따라가며 물건을 돌려달라고 사정을 했다.

"살려준 것만도 고마울 텐데 끝까지 성가시게 구는군. 우리의 근거지를 눈치 채게 되면 큰일이다. 이왕 강도질을 한 이상, 살려둘 필요 없다."

이렇게 말한 강도들은 그는 물론, 따라온 사람들마저 해치고 말았다.

정의의 참뜻

설부(說符)

동쪽의 어느 나라에 사는 원정목爰旌目이란 사람이 여행길에 배가 고파 죽을 지경에 이르렀다. 호보라는 곳의 구丘라는 도둑이 그것을 보고, 마침 가지고 있던 병 속의 물에 만 밥을 꺼내먹이자 서너 번 받아먹고는 겨우 정신을 차리게 되었다. 그러고는 겨우 말을 했다.

"당신은 누구시기에 나를……."

"나는 호부의 구라는 사람이오."

원정목은 그 소리에 놀라 소리쳤다.

"넌 도둑이 아니냐? 그런 네가 어떻게 내게 밥을 먹여주었단 말이냐? 나는 정의를 위해 도둑놈의 밥 같은 걸 먹을 수는 없다."

원정목은 두 손으로 땅을 짚고는 먹은 것을 토해내려 했다. 그러나 잘 나오지 않는지라 억지로 토해 내려다가 그대로 죽고 말았다.

물론 구는 도둑임에는 틀림없었다. 그러나 음식 자체가 도둑은 아니다. 사람이 도둑이라고 해서 먹는 것까지 도둑 취급을 하는 것은 명분과 실제를 분간하지 못하는 행동임을 원정목은 알지 못했다.

별난 충신

설부(說符)

거오공 밑에서 벼슬을 하고 있던 주여숙은 자기를 알아주지 않는다고 해서 벼슬을 그만두고 바닷가에 숨어 살며, 여름에는 마름이나 연밥으로, 겨울에는 도토리와 밤으로 연명을 했다. 그러다가 거오공이 난을 만나 위험한 처지에 놓이게 되자, 친구에게 하직 인사를 하고 함께 죽을 각오로 길을 떠나려 했다.

"자네는 오공이 몰라준다고 해서 벼슬을 버리고 오지 않았나. 그런데 이제 그를 위해 죽으러 간다니 무슨 소린가?"

친구가 묻자 그는 이렇게 대답했다.

"그런 것이 아닐세. 거오공이 나를 몰라주었기 때문에 물러난 것은 이미 말한 대로지만, 지금 내가 오공을 위해 죽어 보이면, 오공이 사람을 보는 눈이 없었다는 것을 분명히 깨닫게 되거든. 말하자면 내가 죽어 보임으로써, 뒷날 신하를 알아보지 못하는 임금을 부끄럽게 만들어주려는 걸세."

대개 임금에게 인정을 받으면 그를 위해 죽고, 그렇지 못할 경우

죽지 않는 것이 올바른 도리라고 할 수 있다. 하지만 주여숙의 경우는 임금을 원망한 나머지 자기의 몸마저 생각하지 않았으니 이 어찌 어리석은 행동이라 아니할 수 있겠는가.

죽지 않는 재주

설부(說符)

옛날 죽지 않고 오래 사는 재주를 갖고 있는 사람이 있었다. 연燕나라 임금이 사람을 보내 그 재주를 배워가지고 오도록 시켰다. 그러나 꾸물대고 있는 동안 그 재주를 알고 있는 사람이 죽고 말았다. 임금은 화가 치밀어 배우러 보냈던 사람을 죽이려 했다. 그러나 임금이 총애하는 신하 한 사람이 그를 위하여 간했다.

"사람의 근심 가운데 가장 절실한 것이 죽는 것이요, 소중한 것 가운데 가장 큰 것이 사는 것입니다. 그 죽지 않는 재주를 알고 있다는 사람은, 그 소중한 자기 생명마저 잃고 말았는데 어떻게 남을 죽지 않게 할 수가 있겠습니까?"

이렇게 해서 사자로 갔던 사람은 죽지 않고 무사할 수 있었다.

제자齊子라는 사람도 그 재주를 배우려 하고 있었는데, 그가 죽었다는 말을 듣자 가슴을 치며 안타까워했다.

또한 부자富子란 사람은 그 이야기를 듣고 웃으며 말했다.

"배우려던 것은 죽지 않는 재주가 아니겠는가. 그러나 그 재주를 알고 있는 사람까지 죽고 말았는데 그런 걸 배우지 못했다고 해서 안타까워한다는 것은 배우려는 목적이 무엇인지조차 모르고 있는 것이 아닌가."

호자란 사람 또한 그 이야기를 듣고 이렇게 말했다.

"부자는 말을 잘못한 것이다. 대개 어떤 재주를 가지고 있으면서도 그것을 실행하지 못하는 사람이 있고, 또 그것을 실행하고 있으면서도 그 재주를 알지 못하는 사람도 있다. 위나라에 수학數學에 뛰어난 사람이 있었는데, 임종이 가까워오자 그가 가진 비결을 자기 아들에게 가르쳐주었다. 아들은 아버지가 한 말을 알고만 있을 뿐 실제로 그것을 쓰지는 못했다. 그러나 다른 사람이 묻기에 그의 아버지가 말한 것을 그 사람에게 그대로 일러주었고, 그 사람은 배운 그대로 그 재주를 익혀서 죽은 아버지와 똑같이 되었다고 한다. 그리고 보면 그 사람이 죽었다고 해서 죽지 않는 재주를 몰랐다고 말할 수는 없지 않겠는가."

인의란 무엇인가?

설부(說符)

양주楊朱[1]의 이웃에 사는 사람이 양을 한 마리 놓쳤다. 그래서 집 안사람들을 거느리고 양주의 하인들에게까지 도움을 청해 양의 뒤를 쫓는 소동을 벌였다. 양주가 그 사람에게 물었다.

"아니, 양은 한 마리가 달아났을 뿐인데, 무엇하러 이토록 많은 사람들을 데리고 가는 거지?"

얼마를 지나 돌아왔기에 그는 양은 찾았느냐고 다시 물었다.

"놓치고 말았습니다."

"왜 놓쳤단 말인가?"

"갈림길에 또 갈림길이 있어서 어디로 갔는지 도무지 알 수가 없어 그만 돌아오고 말았습니다."

양주는 그 말을 듣고 난 후 슬픔에 잠긴 표정으로 한동안 아무 말도 하지 않았고, 그날 하루 동안 웃는 얼굴을 보이지 않았다. 제자들이 이상하게 생각하고 물었다.

"양이란 그리 귀중한 짐승도 아니고 더구나 선생님 댁의 것도 아니잖습니까? 그런데 그것이 달아났다고 해서 그토록 괴로워하시며 말씀도 안 하시고 웃지도 않으시니 어찌된 까닭이옵니까?"

양주는 아무런 대답도 하지 않았다.

맹손양이란 제자가 현자賢者로 알려진 심도자를 찾아가 그 이야기를 했다. 그러자 심도자는 맹손양과 함께 양주를 찾아와서 이런 질문을 했다.

"옛날 세 사람의 형제가 있어서 함께 제나라, 노나라 지방으로 유학을 떠나 같은 선생 밑에서 인의仁義의 도를 배워가지고 돌아왔습니다. 그런데 아버지로부터 '인의란 어떤 것이냐?' 하는 질문을 받자, 맏아들은 '인의란 내 몸을 소중히 하고 이름을 뒤로 하는 것입니다'라고 대답했고, 둘째는 '인의란 내 몸을 죽여 이름을 빛내는 것입니다'라고 대답했고, 셋째는 '인의란 그 몸과 이름을 함께 완전히 하는 것입니다'라고 대답했다고 합니다. 이 세 가지는 각각 서로 반대되는 것으로, 다 같이 유가儒家의 말에서 나온 것인 바, 어느 것이 좋고 어느 것이 나쁜 것입니까?"

이 말을 들은 양주는 이렇게 말했다.

"황하 근처에 한 뱃사공이 살았다. 물에 익숙하고 헤엄을 잘 쳐서 그 수입이 100명의 권솔을 거느릴 수 있을 정도였다. 그래서 그의 헤엄치는 재주를 배우러 오는 사람이 수없이 많았는데, 반수 가량은 재주를 익히는 도중 물에 빠져 죽고 말았다. 물론 그들은 헤엄치는 것을 배우러 왔지, 빠지는 것을 배우러 온 것은 아니었다. 많은 수입을 얻는 것과 물에 빠져 죽는 것과는 너무도 큰 이해利害

의 차이가 있다. 너희들 생각은 어떠냐?"

심도자는 그 말을 듣자, 잠자코 머리를 끄덕이며 물러갔다. 그러자 맹손양이 심도자에게 물었다.

"어떻게 된 거요? 당신의 질문도 너무 거리가 멀고, 선생님의 대답도 비꼬는 것만 같아서 나는 뭐가 뭔지 도무지 알 수가 없구려."

맹손양이 한심하다는 듯이 말했다.

"말하자면 큰 길에도 갈림길이 많으면 양을 놓치게 되고, 일을 배우는 데도 욕심이 지나치면 생명까지 잃게 된다는 거지. 학문이란 것도 그 근본은 똑같은 하나이지만, 그 끝이 갈라져 서로 틀리게 되면 역시 이 꼴이 되는 거야. 다만 뿌리가 같은 하나로 돌아옴으로써 이해득실에서 벗어날 수가 있는 거야. 그대는 오랫동안 선생님 밑에서 배우며 자랐고, 선생님의 도를 익히고 있었을 텐데 아직도 선생님이 비유해서 하신 말씀의 뜻을 모른단 말인가."

<hr/>

[1] 양자(楊子)와 같은 인물. 전국시대 위나라 사람으로 자는 자거(子居), 양자, 양생, 양자거로도 불린다. 철저한 개인주의자이며 쾌락주의자라는 비난을 받았다.

韓非子篇

기원전 280년경 한韓나라 왕의 서자로 태어난 한비자(이름은 非)는 천성적인 말더듬이였다. 따라서 당대를 풍미하던 유세遊說를 단념하고 저술로써 자신의 경륜을 펼쳤다. 그의 사상의 핵심은 〈법술法術〉로서, 무능한 임금이라도 법술만 잘 운용하면 나라를 잘 다스릴 수 있다는 것이 그 요체이다.

아내 죽이고, 자식 죽이고

간겁시신(姦劫弑臣)

초楚나라 장왕의 아우 춘신군春申君[1]에게 여씨余氏라는 사랑하는 첩이 있었다. 그리고 그 춘신군의 정실부인에게서 난 아들이 있었는데 이름을 갑이라 불렀다.

그런데 여씨는 춘신군으로 하여금 정실부인을 내쫓도록 할 생각을 품고 있었다. 그래서 제 손으로 제 몸에 상처를 입힌 다음, 그것을 큰 부인에게 당한 것처럼 가장하여 춘신군에게 보여주고 흐느껴 울며 호소했다.

"상공의 첩이 된 것을 저는 퍽 다행으로 알고 있습니다만, 마님의 마음을 받들려면 상공을 섬길 수 없고, 상공을 섬기려면 마님의 뜻을 받들 수가 없습니다. 저는 부족한 인간이라 도저히 두 분의 뜻을 다 받들 능력이 없사옵니다. 마님의 손에 죽느니보다는 차라리 상공의 앞에서 죽게 하여 주십시오. 만일 아직도 저를 옆에 두시고 저로 하여금 상공을 모실 수 있게 하시려거든, 제가 드린 말씀을 깊이 살피시어 저로 하여금 남의 조롱거리가 되지 않게 하여

주십시오."

그래서 춘신군은 여씨의 거짓말을 참말로 알고, 정실부인을 내치고 말았다.

여씨는 다시 정실 자식인 갑을 죽이고, 제가 낳은 자식으로 뒤를 잇게 할 생각이었다. 그래서 이번에는 자기 손으로 속옷을 찢어놓고, 그것을 춘신군에게 보인 다음, 울며 이렇게 호소했다.

"첩이 상공을 오래도록 모셔온 것을 젊은 공자께서 모를 리가 없사옵니다. 그런데 오늘은 강제로 저를 희롱하려 하지 않겠습니까. 제가 반항을 했기 때문에 속옷까지 찢겨 이 꼴이 되었으니, 자식된 도리로 이런 불효한 일이 또 어디에 있겠습니까?"

춘신군은 화가 나서 아들 갑을 죽이고 말았다.

이렇게 춘신군의 아내는 첩인 여씨의 거짓말에 의해 쫓겨났고, 아들 역시 그녀로 인해 죽게 되었다.

이것으로 미루어 볼 때, 아비의 자식에 대한 사랑도 참소에 의해 허물어질 수 있음을 알 수 있다. 더구나 임금과 신하의 결합에는 부자 같은 친분이 있는 것도 아니며, 또 뭇 신하들의 참소는 단 한 사람의 첩의 입에 비유할 것이 못 된다. 따라서 성인이나 어진 분으로 알려진 사람들이 벌을 받아 죽게 되는 것은 조금도 이상할 것이 없다고 할 수 있다. 상군商君[2]이 진나라에서 거열車裂의 형벌[3]을 받고, 오기吳起가 초나라에서 손발이 잘린 후 달아난 것도 그 때문이었다.

1 전국시대 사공자(戰國四公子)의 한 사람. 〈사기(史記)〉와는 다름.
2 상앙. 춘추전국시대의 정치가이자 사상가
3 형벌의 하나. 죄인의 다리를 2개의 수레에 각각 묶은 후, 수레를 반대 방향으로 움직여 몸을 찢어 죽임.

내부 도둑이 더 무섭다

비내(備內)

말을 잘 몰기로 유명한 왕양王良이 말을 사랑한 것은 전쟁을 할 때 마차를 잘 끌기 위함이고, 월왕越王 구천句踐이 사람을 아낀 것은 전쟁을 할 때 잘 싸우게 하기 위해서였다.

의원이 환자의 상처에서 고름을 빨아내고 나쁜 피를 입에 머금기까지 하는 것은 무슨 형제와 같은 정으로써 그러는 것이 아니라 그렇게 함으로써 이익을 얻기 때문이다. 그러므로 '수레를 만드는 사람은 사람들이 부자가 되기를 바라고, 널을 짜는 사람은 사람들이 빨리 죽기를 바란다'는 말이 있듯이, 수레를 만드는 사람이 마음씨가 착하고, 널 짜는 사람이 못된 사람이어서 그런 것이 아니라 사람이 부자가 되지 않으면 수레가 팔리지 않고, 사람이 죽지 않으면 널을 팔 수 없기 때문이다.

그러므로 후비나 부인이나 태자 등이 당파를 만들게 되면 임금이 죽기를 바라게 되는데, 이것도 임금이 죽지 않으면 자기들이 권세를 부릴 수 없기 때문이다. 특별히 임금을 미워하기 때문이 아니라 임금이 죽는 것이 자기들에게 이익이 되기 때문이다.

　그러기에 임금 된 사람은 자기가 죽음으로써 이익을 얻을 사람들을 살피지 않으면 안 된다. 해나 달이 밖으로 둥그렇게 무리를 짓듯, 밖에 대한 수비를 단단히 하더라도 도둑은 내부에서도 생겨날 수 있기 때문이다.

꿩 먹고, 알 먹고

설림 상(說林上)

진秦나라 무왕이 감무甘茂[1]에게 시종이든 외무대신이든 하고 싶은 직책을 가지라고 했다. 그것을 듣고 맹묘孟卯가 감무에게 이렇게 말했다.

"그거야 시종이 되는 게 낫지. 당신이 자신 있어 하는 것은 외교 방면이니까. 설사 시종이 된다 해도 왕은 역시 외교 관계 일을 당신에게 맡길 것 아닌가."

[1] 전국시대 진나라 대신

소인의 생각은 늘 소인스럽다

설림 상(說林 上)

송宋나라의 자어가 공자를 송나라 태재太宰[1]와 만나도록 주선을 했다. 공자가 물러간 다음, 지금 왔던 손은 어떠냐고 물으니 태재는 이렇게 대답했다.

"공자를 만나고 나서 그대를 보니, 마치 이나 벼룩을 보는 것만 같네. 나는 곧 그분을 임금님께 소개하여 만나보게 할 생각일세."

자어는 공자가 송나라 임금에게 신임을 받게 될까 봐 겁이 나서 태재에게 이렇게 말했다.

"임금께서 공자를 만나시면, 그때는 임금께서 역시 태제 그대를 이나 벼룩처럼 보시게 되지 않겠습니까?"

그래서 태재는 공자를 임금에게 소개하는 것을 그만두었다.

[1] 임금을 보좌하여 나라를 다스리는 일을 맡았던 총리 관직

진정한 보물

유로(喩老)

송宋나라의 시골 사람 하나가 박옥璞玉을 얻어 대신인 자한子罕[1]에게 바치려 했으나 자한이 받지 않았다. 그래서 그 사람은 자기의 뜻을 말했다.

"이것은 보물이옵니다. 상공과 같은 높으신 분이 가지실 물건으로, 저같이 천한 사람에게는 아무 소용이 없습니다."

그러자 자한은 이렇게 대답했다.

"그대는 그것을 보물로 알고 있지만, 나는 그대가 주는 박옥을 받지 않는 것을 보물로 생각한다네."

말하자면 이 시골 사람은 박옥은 누구나 갖고 싶어 하는 줄로 생각했지만, 자한은 그렇게 생각지 않았던 것이다. 그러므로 노자는 '재물을 바라지 않기를 바라고, 얻기 힘든 물건을 귀하게 여기지 말라'고 했다.

[1] 춘추시대 토목공사 요직을 맡았던 대부

책을 불태우다

유로(喻老)

왕수가 책을 짊어지고 여행을 떠나 주周나라의 서울로 가던 중 서풍이란 은사를 만났는데, 그가 이렇게 말했다.

"모든 일은 사람의 행동에서 이루어지는 것이고, 행동은 때에 따라 달라지는 것이므로, 지자知者에게는 정해진 일이란 것이 없다. 또 책은 사람의 말을 기록한 것이고, 말은 사람의 지혜로부터 생겨나는 것이므로, 지자는 책 같은 것을 간직하는 일이 없다. 그런데 그대는 어째서 책을 짊어지고 다니는가?"

그 말을 듣자 왕수는 책을 불태우고는 펄펄 뛰며 좋아했다.

결국 참다운 지혜를 가진 사람은 말을 의지해서 가르치는 일도 없으며, 책을 상자 속에 넣어두는 일도 없다. 세상 사람들은 이것을 모르고 있지만, 왕수는 그 진리를 깨우친 셈이며, 배우지 못한 것을 배웠다고도 할 수 있다. 그러므로 노자는 〈남들이 배우지 않는 것을 배움으로, 남들이 간과하기 쉬운 것을 고쳐주라〉고 했다.

이기지 못하는 까닭

유로(喩老)

조趙나라의 양자襄子가 왕자기王子期로부터 말 모는 법을 배운 다음, 왕자기와 경주를 했다. 그런데 양자는 세 번이나 말을 갈아 보았지만 세 번 다 지고 말았다. 그래서 자신에게 말 모는 법을 다 가르쳐주지 않은 것 같다고 하자, 왕자기는 이렇게 말했다.

"가르쳐 드릴 것은 다 가르쳐 드렸습니다. 다만 그것을 쓰는 방법이 틀렸을 뿐입니다. 대개 수레를 모는 데 있어서 가장 중요한 것은 말의 몸과 수레가 서로 꼭 맞고, 말을 모는 사람과 말의 마음이 하나가 되는 것입니다. 그래야만 속력을 내고 멀리까지 달릴 수 있는데, 지금 임금께선 조금만 늦으면 저를 뒤쫓으려 하시고 조금만 앞서면 저로 하여금 뒤쫓아 오지 못하도록 하려고만 하십니다. 대개 수레를 몰고 멀리 가노라면 앞서기도 하고 뒤지기도 하는 것이 보통인데 임금께선 앞섰을 때나 뒤졌을 때나 언제나 저만을 생각하고 계셨습니다. 그래 가지고야 어떻게 말과 뜻이 맞을 수 있겠습니까. 그 점이 지게 된 원인입니다."

자신을 이긴다는 것

유로(喩老)

자하子夏[1]가 증자曾子[2]를 만나 왜 그리 살이 찌느냐고 물었다. 그러자 그는 이렇게 대답했다.

"싸움에서 이겼기 때문이네. 집에서 책에 쓰인 선왕先王의 도를 읽을 때는 그것이 훌륭한 것으로 느껴지고, 밖에 나가 부귀한 사람들의 즐기는 모습을 보면 그것이 또 좋은 것으로 느껴지거든. 이 두 마음이 가슴 속에서 서로 싸우며 승부가 나지 않아서 그동안은 여위었지만, 지금은 선왕의 도가 승리를 거두었기 때문에 살이 찐 것일세."

결국 뜻을 세우기가 어려운 것은 남을 이기기보다 자기를 이겨야 하기 때문이다. 그러기에 노자는 〈자기를 이기는 것을 강한 것으로 한다〉고 했다.

[1] 공문십철(孔門十哲)의 한 사람. 공자문하 중에서 후세에까지 가장 많은 영향을 끼침.
[2] 춘추시대 노나라의 유학자이며 공자의 제자

가까운 데 두고 왜 멀리 갈까?

설림 상(說林 上)

경봉이 제齊나라에서 반란을 일으키다가 실패하고 월越나라로 달아나려 하자, 그의 친척이 그에게 물었다.

"진晉나라가 가까운데 왜 그리로 가지 않느냐?"

"월나라가 훨씬 머니, 피난하기에는 안성맞춤이지."

경봉이 이렇게 대답하자 그 친척이 말했다.

"반역하려는 마음을 고치면 진나라에 있어도 좋을 것이고, 그 마음을 고치지 않으면 월나라보다 더 먼 곳으로 달아났다고 해서 안심할 수 없을 것이다."

말과 개미에게 배우다

설림 상(說林上)

관중管仲[1]과 습붕濕朋[2]이 제齊나라 환공桓公[3]을 따라 고죽국을 치느라 봄에 나갔다가 겨울에 돌아오게 되었는데, 오는 도중에 길을 잃어 헤매게 되었다.

"늙은 말의 지혜를 빌리리라."

관중은 늙은 말을 놓아주며 그 뒤를 따랐는데, 과연 얼마 후 길을 발견할 수 있었다.

또 산골을 행진하고 있을 때, 물이 없어 고통스러웠다.

"개미란 놈은 겨울에는 산 남쪽에, 여름에는 산 북쪽에 살고 있어서 개미집이 있는 곳이면 그 밑으로 여덟 자 되는 곳에 물이 있다고 한다."

습붕이 그렇게 이르고는 개미집을 찾아 땅을 파게 했다. 그러자 과연 물을 찾을 수 있었다.

관중과 습붕은 지혜가 많으면서도 자기가 알지 못하는 일에 대해서는 늙은 말과 개미의 지혜를 배우기를 주저하지 않았다. 그런데 요즘 사람들은 자신이 한없이 어리석음에도 불구하고 성인의 지혜를 배울 줄조차 모르고 있으니 얼마나 한심한 일인가.

[1] 중국 춘추시대 제나라의 재상. 포숙아와의 우정으로 유명하며, 이들의 우정을 관포지교라고 한다. 저서에 〈관자(管子)〉가 있다.
[2] 제나라의 대신
[3] 춘추시대 제나라의 군주. 포숙아의 진언으로 관중을 재상으로 기용한 뒤 패자(覇者)의 자리를 확고히 하여 춘추오패(五覇)의 한 사람이 되었다.

멀리 있는 물은 가까운 불을 끄지 못한다
설림 상(說林 上)

노魯나라 목공穆公이 아들들을 진晉나라와 초楚나라로 보내어 벼슬을 시키려 했다. 그러자 이조梨組가 이를 말렸다.

"만일 월越나라 사람을 불러다가 물에 빠진 아이를 건지려고 한다면, 아무리 월나라 사람이 헤엄을 잘 친다 해도 오는 동안 아이는 죽고 말 것입니다. 불이 났을 때, 바다에서 물을 길어오기로 말한다면, 아무리 바다에 물이 많아도 불을 끄지는 못할 것입니다. 멀리 있는 물은 가까운 불을 끄는 데는 소용이 없는 것입니다. 지금 진나라와 초나라는 강한 나라임에는 틀림이 없습니다. 그러나 바로 이웃에 있는 제나라에 기대는 것이 나을 것입니다."

알아도 모르는 체하라

설림 상(說林上)

주왕紂王[1]은 몇날며칠을 잇는 긴 술자리를 베풀고 정신없이 지내는 바람에 때가 몇 월 며칠인 것마저 잊고 말았다.

모시고 있는 신하들에게 물어도 아는 사람이 아무도 없었다. 그래서 사람을 보내어 기자箕子[2]에게 물어오도록 했다. 기자는 집안 사람들에게 말했다.

"천하의 주인으로 앉아 있으면서 온 조정이 다 모르는데, 나만 알고 있다면 내가 또한 위태롭지 않은가."

그래서 그는 취해 있는 통에 자신도 알지 못한다고 답해 보냈다.

[1] 상나라의 왕으로 신체가 장대하고 외모가 준수하며, 총명하고 힘이 장사였다고 한다. 군사적 재능이 있어서 많은 전쟁에서 승리를 거두었다. 그러나 향락을 좋아하고 여색을 밝혔으며 애첩 달기에게 빠져 나라를 망하게 했다. 하나라의 마지막 왕 걸(桀)과 함께 폭군의 전형이 되었다.
[2] 상나라 주왕의 숙부. 주왕의 폭정을 간언하다 유폐되었다. 비간(比干), 미자(微子)와 함께 상나라 말기의 3명의 어진 사람으로 꼽힌다.

천거는 이렇게 하는 것이다

설림 상(說林上)

장견張譴이 한漢나라 재상으로 있을 때다. 그가 병세가 무거웠을 때, 공승무정公乘無正이 품속에 삼십 금을 넣고 가서 그의 병문안을 했다. 그로부터 한 달 후, 왕이 몸소 장견을 문병 차 와서 물었다.

"만일 경이 불행히도 일어나지 못한다면, 누구로서 경의 뒤를 잇게 하는 것이 좋겠소?"

장견은 공승무정이 생각에 있는지라 짐짓 이렇게 대답했다.

"공승무정은 법을 존중하고 윗사람을 존경하는 인물이기는 하오나, 공자公子인 이아食我께서 민심을 잘 파악하고 있는 것만은 못합니다."

그런데 장견이 죽자, 왕은 민심을 파악하고 있다는 이아를 버리고 공승무정을 재상으로 임명했다.

알고 있으면 위태롭다

설림 상(說林上)

제齊나라의 대부인 습사미가 당시 실권자인 전성자를 만나러 갔었다. 전성자는 그와 함께 높은 대臺로 올라가서 사방을 구경했다. 삼면은 한없이 멀리까지 보이는데, 남쪽만은 습사미의 집 나무에 가려져 잘 보이지 않았다. 그런데 전성자는 아무 말도 하지 않았다.

습사미는 집으로 돌아오자, 곧 나무를 베게 했는데 도끼로 몇 번 찍다가는 다시 그만두게 했다. 그래서 청지기가 물었다.

"갑자기 생각이 달라지셨습니까?"

그는 이렇게 대답했다.

"속담에 '깊은 물속의 고기를 헤아리는 재주를 가진 사람은 상서롭지 못하다'고 하지 않았느냐. 남의 비밀을 알고 있는 사람은 화를 입게 된다는 뜻이다. 지금 전성자는 큰일을 꾸미려 하고 있다. 그로 하여금, 내가 남의 속마음까지 알고 있는 사람이라는 것을 알게 만들면 내 몸이 위태롭다. 나무를 베지 않았다고 해서 죄가 될 리는 없다. 그러나 남의 속을 들여다본 죄는 실상 큰 것이다."

코는 크게, 눈은 작게

설림 상(說林 上)

환혁桓赫이 말했다.

"나무 인형을 새기는 법은 코를 크게 하고, 눈을 작게 하는 것이 좋다. 큰 코는 작게 할 수 있지만 작은 코는 크게 하지 못한다. 작은 눈은 크게 할 수 있지만, 큰 눈을 작게 하지는 못한다."

무슨 일을 하든지 이와 마찬가지다. 바로 잡을 수 있도록 해놓으면 실패는 적은 법임을 말해주고 있다.

명궁과 과녁잡이

설림 상(說林上)

혜자惠子[1]가 말했다.

"예羿[2]와 같은 명궁이 활을 쏘게 되면, 먼 월越나라에 사는 전혀 모르는 사람도 과녁잡이를 하겠다고 나서지만, 아이들이 활을 쏘려고 하면, 자상한 그의 어머니라도 도망치고 말 것이다. 결국 틀림이 없고 정확하면 사람들이 신뢰를 하지만, 꼭 그렇지 못할 경우에는 자상한 어머니라도 자식을 피하게 되는 것이다."

[1] 명궁으로 중국의 전설에 나오는 영웅
[2] 전국시대의 정치가이자 철학자. 본명은 시(施)이며 위나라의 재상이 되었다.

손해가 항상 손해는 아니다

설림 상(說林 上)

송宋나라 장사꾼으로 감지자란 부자가 있었다. 1백 금의 가치가 있는 박옥璞玉을 남과 서로 사려다가 실수를 해서 옥에 상처를 냈다. 그는 곧 1백 금을 물어주고 귀 떨어진 구슬을 차지하게 되었는데, 뒷날 그 흠을 갈아 없앤 다음, 이를 팔아 1천 금을 얻게 되었다.

어떤 일인가를 하다가 실패했을 경우라도, 그것이 도리어 안한 것보다 나을 수가 있다. 실수나 실패가 꼭 손해를 가져오는 것만은 아니라는 뜻이다.

사슴을 먼저 잡아라

설림 하(說林 下)

말을 잘 모는 한 사람이 그 재주를 믿고 초楚나라 왕을 찾아갔다. 그러나 말을 잘 모는 다른 사람들이 시기하고 있다는 것을 알자, 재주를 바꿔 왕을 만났다.

"저는 사슴을 잡는 데 자신이 있습니다."

그리하여 왕이 수레를 몰고 사슴을 뒤쫓는데도 따르지 못하는 것을 보자, 그가 대신 말을 몰아 사슴을 잡았다. 왕이 그가 말 모는 것을 보고 칭찬을 하자, 그제야 그는 비로소 다른 말 모는 사람들에게 시기를 당하고 있었다는 사실을 왕에게 말했다.

허세로 이득을 보다

설림 하(說林下)

위魏나라의 주조가 제齊나라의 궁타에게 말했다.

"그대의 왕에게 부탁을 해주시오. 만일 그대의 나라가 나를 도와 준다면, 반드시 우리나라로 하여금 그대의 왕을 섬기도록 하겠소."

그러자 궁타는 이렇게 말했다.

"그건 안 되오. 그렇게 하면 당신이 그대의 나라에서 힘을 쓰지 못하고 있다는 것을 보여줄 뿐이오. 우리나라 왕도 그대의 나라에서 세력을 쓰지 못하는 사람을 도와주고, 세력 있는 사람들의 원망을 사는 짓은 하지 않으려 할 거요. 차라리 우리나라 왕에게 '왕의 소망이 무엇인지 말씀해주시면, 틀림없이 위왕으로 하여금 저의 말을 따르도록 해드리겠소.' 하고 말하시오. 그러면 제왕은 당신이 그대의 나라에서 유력자인 줄 알고 당신을 도우려 할 거요. 그렇게 되면 당신은 우리나라에서 대우를 받게 될 뿐만 아니라, 당신네 나라에서도 똑같이 대우를 받게 될 것이오."

깊은 골짜기
내저설 상(內儲說上)

　동알우董閼于란 사람이 조趙나라 상지上地 지방의 태수가 되어 지방 순시를 하러 석읍石邑이란 산중으로 들어서게 되었다. 골짜기는 깊이가 100길이나 되었고, 양 언덕은 깎아 세운 벽처럼 서 있었다. 그는 근처에 사는 사람들에게 물었다.

　"누가 이 골짜기로 들어갔던 사람이 있는가?"

　"없습니다."

　"소나 말이나 개나 돼지 같은 것도 들어간 일이 없는가?"

　"없습니다."

　동알우는 한숨을 푹 내쉬며 말했다.

　"알았다. 골짜기로 들어가면 반드시 죽고 만다는 것을 알듯이, 법령을 엄하게 하고 용서하는 일이 없으면 아무도 법령을 어기려 하지 않을 것이다. 잘 다스려지지 않을 까닭이 없다."

용기는 욕심에서

설림 상(說林 上)

뱀장어는 뱀을 닮았고, 누에는 뽕나무벌레와 흡사하다. 그런데 사람들은 뱀을 보면 깜짝 놀라고 뽕나무벌레를 보면 소름이 오싹 끼쳐지지만 어부는 뱀장어를 손으로 주무르고, 여자들은 누에를 손으로 만진다.

이득이 생기기만 하면 사람은 누구나 맹분孟賁[1], 전저專諸[2]와 같은 용사가 되는 것이다.

---

[1] 전국시대 제나라 역사(力士)의 이름
[2] 춘추시대 말기 오나라 사람으로 정의로운 자객이며 오자서를 도움.

변변치 못해도 크게 쓰일 때가 있다
설림 하(說林 下)

백락伯樂[1]은 마음에 들지 않는 사람에겐 천리마를 감정하는 법을 가르쳐주고, 마음에 드는 사람에게는 보통 말의 감정법을 가르쳐주었다. 하지만 천리마는 흔치 않은 것이므로 별로 벌이가 없었지만, 보통 말은 매일같이 팔리기 때문에 자꾸만 벌이가 되었다.

이것이 바로 〈주서周書〉에서 말한 '변변치 못한 것일수록 크게 쓸모가 있다'는 말과 통하는 이야기이다.

---

[1] 주나라 때 사람으로 말(馬)의 감정을 잘했음.

정치 9단

내저설 상(內儲說 上)

은殷나라 법에서는 재를 길거리에 내다버리는 사람은 사형에 처한다고 되어 있었다. 자공은 그것이 너무 지나치다 싶어 공자에게 묻자, 공자는 이렇게 말했다.

"그것이 정치하는 방법을 알고 있는 것이다. 길에 재를 버리면 재가 반드시 사람에게로 날아가게 된다. 사람에게로 날아가면 사람들은 반드시 화를 내게 되고, 화를 내면 싸움이 붙고, 싸움이 붙으면 패가 갈라져 서로 죽이게 된다. 결국 서로 죽이는 사태까지 벌어지게 되므로 벌을 주어 마땅한 것이다. 그리고 무거운 벌은 사람이 싫어하는 것이지만, 재를 버리지 않는 일은 쉬운 것이다. 하기 쉬운 것을 하도록 하여 형벌을 받을 일이 없도록 하는 것이 정치를 잘하는 방법이다."

반드시 들키는 것이 아니라면

내저설 상(内儲說 上)

형남荊南[1] 지방의 여수란에서는 사금이 많이 나서 그것을 몰래 파는 사람이 많았다. 그것을 금지하는 법이 있어서 들키기만 하면 즉시 시장바닥에서 못 박혀 죽는데도 이 같은 일을 하는 사람이 끊이지 않았다. 아무리 그곳에 울타리를 둘러도 사금을 도둑질해가는 일은 여전했다. 이는 그것이 반드시 들킨다고 볼 수 없었기 때문이었다.

"네게 천하를 주마, 그러나 그 대신 네 목숨은 바쳐야 한다."

누가 이렇게 제안하면, 아무리 바보라도 그런 짓을 하려고 들지 않을 것이다. 결국 천하를 얻는 것은 대단한 것이지만, 그것을 받으면 죽기 때문에 그런 제안은 받아들이지 않는다. 이처럼 비록 무서운 위험이 있더라도 들키지만 않으면 큰 이익이 있기 때문에 그치지를 않았다. 그러나 반드시 죽게 된다는 것을 알면 천하를 준다 해도 받을 사람은 없을 것이다.

[1] 장강을 기준으로 형주를 나누어 이북을 형북, 이남을 형남이라 함.

엉뚱한 지혜도 지혜다

내저설 상(內儲說 上)

이회는 위魏나라 문후에게 벼슬하여 상지의 태수가 되었다. 그는 백성들에게 활을 보급시킬 생각으로 이런 포고령을 내렸다.

"소송 사건이 애매해서 판결을 내리기 어려울 때는 쌍방에게 활로 과녁을 쏘게 해서 맞힌 사람을 이긴 것으로 하고, 못 맞힌 사람을 진 것으로 한다."

포고령이 나붙자, 사람들은 너나없이 활을 배우기 시작해서 밤낮을 쉬지 않았다. 이윽고 진나라와 전쟁이 일어났을 때, 적을 여지없이 처부수고 말았다. 사람마다 활을 잘 쏘았기 때문이었다.

의심을 이용하다

내저설 상(內儲說 上)

방경龐敬은 현령이 되어 시장 관리 책임자를 시장 순찰차 내보내
며 다른 관리를 시켜 그를 다시 불러들였다. 그런 다음, 잠시 같이
서 있다가 아무 말 없이 그대로 순찰하러 가도록 했다.

시장 관리 책임자는 현령이 다른 관리에게 무언가 이야기를 한
것 같다는 생각에서, 혹시나 싶어 감히 나쁜 짓을 할 수가 없었다.

아내의 기도
내저설 하(內儲說 下)

위衛나라 사람으로 부부가 함께 기도를 드리게 되었는데, 아내가 이렇게 기도를 했다.

"바라옵건대 100필의 베를 얻도록 해주십시오."

남편이 이상한 듯이 물었다.

"왜 그렇게 적게 바라지?"

아내는 이렇게 대답했다.

"그보다 더 많게 되면 당신이 첩을 얻게 될 테니까."

세 가지 죄

내저설 하(內儲說 下)

진晉나라 문공 때의 일이다. 요리사가 고기를 구워 올렸는데, 그 고기에 머리털이 붙어 있었다. 문공이 요리사를 불러 꾸짖었다.

"머리털을 붙여두다니, 내가 목 메이는 꼴을 보고 싶으냐?"

요리사는 머리를 땅에 조아리며 이렇게 말했다.

"소인은 세 가지 죽을죄를 범했습니다. 숫돌에 칼을 보검처럼 갈아 고기를 썰었는데도 고기만 썰리고 머리털은 끊어지지 않았습니다. 이것이 소인의 첫 번째 죄입니다. 꽂이를 잡고 고기를 꿰었는데도 머리털은 눈에 뜨이지 않았으니 이것이 두 번째 죄입니다. 화로에 숯불을 피워 숯불이 벌겋게 피어올라 고기는 잘 구워졌는데도 머리털만 태우지 못했으니 이것이 세 번째 죄입니다. 그러나 밖에 있는 누군가가 소인을 미워하고 있는지도 알 수는 없는 일이옵니다."

"음, 알겠다."

문공은 알았다고 하고 방 밖을 순찰하는 자를 불러 캐물었다. 과연 그자가 한 짓이었으므로 그를 벌해 죽이도록 했다.

채찍에 그린 그림

외저설 좌상(外儲說 左上)

한 사람이 주周나라 임금을 위하여 말채찍에 그림을 그렸는데 3년이 걸려서야 일을 끝냈다. 임금이 그것을 받아보고는 보통 채찍에 옻을 칠한 것과 조금도 다르지 않았으므로 버럭 화를 냈다.

그랬더니 그가 말했다.

"두 길쯤 되는 높은 벽을 만들어, 거기에 여덟 자 정도의 창문을 낸 다음, 아침에 해가 떠오를 무렵 채찍을 그 창에 비추어 자세히 보십시오."

임금은 그가 말한 대로 방을 꾸미고 채찍을 바라보니, 거기에는 용과 뱀, 새와 짐승, 수레와 말, 그리고 그 밖의 여러 가지 모양들이 보기 좋게 새겨져 있었다. 임금은 여간 기뻐하지 않았다.

이 채찍에 그림을 그린 재주는 과연 놀라운 것이었지만, 그것의 쓸모로 말하면 보통 채찍보다 나을 것이 하나도 없음을 어찌하랴.

도깨비는 그리기 쉽다

외저설 좌상(外儲說 左上)

한 화공이 제齊나라 왕을 위해 그림을 그리고 있었다. 왕이 그에게 물었다.

"어떤 것이 가장 그리기 어렵소?"

"개와 말입니다."

"그럼 가장 그리기 쉬운 것은?"

그러자 그는 이렇게 대답했다.

"가장 그리기 쉬운 것은 도깨비입니다. 그 이유는, 개와 말은 아침 저녁으로 대할 때마다 다른 모양을 하고 있어서 그대로 그리기가 힘듭니다. 그러나 도깨비의 경우는 형체가 없는 데다 사람의 눈에 잘 띄지 않기 때문에 아무렇게나 그려도 되기 때문입니다."

제환공의 자주색 옷

외저설 좌상(外儲說 左上)

제齊나라 환공桓公이 자줏빛 옷을 좋아하자, 전국이 다 자줏빛 옷을 입기 시작해서 자줏빛 비단이 흰 비단보다 5배나 높은 값으로 팔렸다. 환공이 이를 걱정하여 관중管仲에게 상의를 했다. 그러자 관중은 이렇게 말했다.

"임금께서 자줏빛 옷을 입으시는 것을 중지하시고, 옆에 있는 사람들에게 '나는 그 자주 물감 냄새가 싫어졌어.' 하십시오. 그리고 가까운 사람들이 혹 자줏빛 옷을 입고 앞에 나타나거든 반드시 '조금만 물러나 있게, 나는 자주 물감 냄새가 싫어.' 하십시오."

"알았소."

환공이 그렇게 하자 그날 중으로 내시들 가운데 자줏빛 옷을 입는 사람이 없어졌고, 다음날은 도성 안에 자줏빛 옷을 입는 사람이 없어졌으며, 사흘째는 전국에서 자줏빛 옷을 입는 사람이 없게 되었다.

누구를 위한 정치인가

외저설 좌하(外儲說 左下)

위魏나라의 서문표西門豹[1]는 업의 태수로 있으면서 청렴과 결백으로 이름이 높아 손톱만한 사리私利도 취한 일이 없었으며, 임금을 곁에서 모시는 신하라도 두려워하지 않았다. 그리하여 근신近臣들은 너나없이 서문표를 미워했다.

그 뒤 1년이 지나 서문표가 업무 보고 차 조정에 들렀을 때 임금 문후文候는 이렇다 할 설명도 없이 서문표의 관인官印을 회수하고, 태수 직에서 물러나도록 하려 했다. 그러자 서문표는 직접 문후에게 청원을 했다.

"소신은 지금껏 지방 행정에 어두워 실수가 많았습니다. 그러나 지금은 어떻게 해야 한다는 것을 분명히 알게 되었으니, 1년만 더 눌러 있게 해주십시오. 만일 여전히 성적을 올리지 못했을 경우에는 죽음으로 죄를 대신하겠습니다."

문후도 딱한 생각이 들어 그의 청을 받아들여서 거두었던 관인을 다시 내렸다. 서문표는 돌아오자 백성들에게 무거운 세금을 거뒤들이며, 근신들에게 많은 선물을 보내어 그들의 환심을 샀다. 다시 1년이 지나, 업무 보고 차 조정에 들르게 되었다. 임금 문후는 그를 반가이 맞아 정중히 그의 노고를 치하했다. 그러자 서문표는 임금께 자신의 뜻을 아뢰었다.

"지난해에는 소신이 임금을 위해 정치를 했었는데, 임금께서는 신의 관인을 거두셨습니다. 그래서 이번에는 근신들을 위해 정치를 했더니 임금께서는 저에게 치하까지 하셨습니다. 이래 가지고는 지방 수령들이 올바른 정치를 할 수 없습니다."

말을 마치고 그는 관인을 바치고 벼슬에서 물러나려 했다. 그러자 문후는 이를 되돌리며 말했다.

"과인은 지금껏 경을 알지 못했었소. 그러나 이제는 경을 알았으니 더욱 분발해서 업을 맡아 다스려 주시오."

그러나 서문표는 끝내 거절하고 말았다.

---

[1] 전국시대 위나라의 정치가. 12개의 수로를 파서 논으로 강물을 끌어들이는 관개사업을 하여 농업생산 증대에 이바지했다. 또 그 고장 사람들이 해마다 미녀를 골라 강물에 던지는 풍습의 숙폐(宿弊)를 일소했다.

사람을 쓰는 방법
외저설 좌하(外儲說 左下)

양호陽虎가 제齊나라에서 조趙나라로 망명했을 때, 조간자趙簡子[1]
가 물었다.

"들리는 바로는, 그대가 사람을 등용시키는 데 뛰어난 재주를 가
지고 있다는데."

양호는 대답했다.

"제가 노魯나라에 있을 때 세 사람을 뽑아 써서 모두 대신이 되
었으나, 제가 노나라에서 죄를 짓게 되자 모두 나를 찾아내어 잡으
려 했습니다. 제나라에 있을 때에도 세 사람을 추천하여 그중 한
사람은 왕의 근신이 되었고 한 사람은 현령, 한 사람은 외국 사신
을 접대하는 후리候吏가 되었으나, 제가 죄를 얻게 되자 왕의 근신
이 된 사람은 저를 만나주려고도 하지 않았고, 현령이 된 사람은
저를 잡아 묶으려고 했으며 후리가 된 사람은 저를 국경까지 뒤쫓
아 왔으나 잡지 못하고 그대로 돌아가고 말았습니다. 저는 사람을
뽑아 쓰는 것이 서투른 것 같습니다."

조간자는 고개를 끄덕이며 웃더니 이렇게 말했다.

"유자나 귤을 심으면 단 열매를 먹고 좋은 향기를 맡을 수 있지만, 탱자나무나 가시나무를 심으면 자라서 사람을 찌르게 된다. 그러므로 군자는 무엇을 심을지 신중히 생각하지 않으면 안 된다."

[1] 조앙을 말한다. 춘추시대 진나라의 정치가

선공후사(先公後私) 1

외저설 좌하(外儲說 左下)

중모中牟 땅에 현령이 비어 있었으므로 진晉나라 평공은 조무趙武에게 누가 적임자인지를 물었다.

"중모 땅은 우리나라의 팔과 다리 같은 요지로, 도읍인 한단의 어깨와 팔꿈치에 해당하는 곳이므로 과인은 여기에 훌륭한 현령을 두고 싶은데, 누가 적당하겠소?"

"형백자가 좋을 줄로 아옵니다."

"그 사람은 경들 집과는 원수 간이 아니오?"

"사사로운 원한을 어떻게 국사에까지 끌고 들어오겠습니까?"

평공이 또 물었다.

"궁내부장관은 누구를 시키면 좋겠소?"

"신의 자식이 적임자인 줄 아옵니다."

결국 사람을 추천할 때는 자기의 원수라도 피해서는 안 되며, 능력이 있으면 내 자식이라고 해서 피할 필요는 없다.

선공후사(先公後私) 2

오두(五蠹)

초楚나라에 직궁直躬[1]이라는 고지식한 사람이 있었는데, 그의 아버지가 양을 훔치자 관에 고발을 했다. 그러자 수령이 명령을 내렸다.

"직궁을 사형에 처하라."

임금에게는 충성을 했지만 아비에게는 불효라고 생각했기 때문이었다. 그래서 벌을 내린 것이다. 이는 임금에게는 정직한 신하가되었지만, 아버지에 대해 불효한 자식이 된 셈이다.

노魯나라의 어떤 사람이 임금을 따라 전쟁에 나갔으나, 세 번 싸움에 세 번 다 달아났다. 공자가 그 까닭을 물었더니 대답했다.

"제게는 늙은 어비가 있는데, 제가 죽으면 아무도 모실 사람이 없기 때문이었습니다."

그래서 공자는 그를 효자라 하여 표창을 했다. 이는 아비에게는 효도하는 자식이 되었지만, 임금에 대해서는 불충한 신하가 된 셈이다.

그래서 수령이 직궁을 처벌한 뒤로, 초나라에서는 나쁜 일을 고

발하는 사람이 없어졌고, 공자가 노나라의 도망간 군사에게 상을 주자, 노나라 사람은 항복을 수치로 알지 않았다. 위와 아래의 이익은 이렇게 서로 상반된다.

그런데 임금 된 사람이 공적인 공로와 사적인 선행을 동시에 장려하며 나라를 복되게 하려고 생각한다면, 이것은 도저히 이룩될 수 없는 일이다.

[1] 이름 자체가 '정직한 바보'라는 뜻이다.

원수를 추천하다

외저설 좌하(外儲說 左下)

해호解狐는 자기 원수를 조趙나라의 간자에게 천거해서 재상이 되게 했다. 재상이 된 사람은 해호가 자기와 화해하려는 것인 줄 알고, 해호의 집으로 인사를 차리러 갔다. 그러자 해호는 활을 들고 나와, 놀라서 달아나는 그의 등 뒤를 겨누며 소리쳤다.

"내가 너를 천거한 것은 나라의 일로서 네가 적임자라 생각되었기 때문이다. 너를 원수로 아는 것은 너와 나의 개인적인 원한 때문이다. 네게 개인적인 원한이 있다고 해서 나라 일을 생각하지 않는 그런 짓은 하지 않는다."

사사로운 원한을 공적인 일에다 끌고 들어오지 않은 좋은 예라 하겠다.

창과 방패

난일 (難一)

초楚나라 사람으로, 창[矛]과 방패[盾]를 파는 사람이 방패를 자랑했다.

"이 방패의 튼튼한 것으로 말하면, 이 세상 어느 것으로도 뚫을 수가 없다."

또 창을 자랑하여 말했다.

"이 창의 날카로운 것으로 말하면, 어느 것이고 뚫지 못할 것이 없다."

그래서 어떤 사람이 물었다.

"그럼 그 창으로 그 방패를 뚫으면 결과가 어떻게 되겠는가?"

그는 대답을 못하고 말았다.

말하자면 어느 곳이나 꿰뚫을 수 있는 창과, 어느 것으로도 뚫을 수 없는 방패는 동시에 성립될 수 없는 것이다.

무너진 벽의 교훈
난일(難一)

진晉나라 평공이 근신들과 술을 마시다가 한숨을 지으며 말했다.
"임금이 되었다고 해서 이렇다 할 즐거움이 있는 것은 아니지만, 다만 무슨 말을 하든 거역하는 사람이 없는 것이 즐겁다."

그러자 옆에 앉아 있던 장님 악사인 사광師曠[1]이 거문고를 번쩍 들어 평공을 찔렀다. 평공이 급히 피하는 바람에 거문고는 벽을 허물어뜨렸다. 평공이 말했다.

"너는 누구를 치려고 했더냐?"

"방금 옆에서 못된 말을 하는 사람이 있어서 그를 치려했습니다."

"그게 바로 나다."

"아, 그런 말씀은 임금으로서 하실 말씀이 아니었습니다."

뒤에 무너진 벽을 다시 고치려 하자, 평공은 만류했다.

"그대로 두어라. 내 교훈으로 삼겠다."

---

[1] 춘추시대 진나라의 악사. 음률을 잘 아는 것으로 유명함.

가장 예쁜 귀걸이
외저설 우상(外儲說 右上)

설공薛公[1]이 제齊나라 재상이었을 때, 위왕의 부인이 일찍 죽었다. 궁중에는 열 명의 아름다운 첩이 있어 똑같이 왕의 사랑을 받고 있었다. 설공은 왕이 그중에서 누구를 부인의 후계자로 삼으려 하는지를 먼저 알아차린 다음, 그 여자를 천거할 생각이었다. 만일 제대로 천거해 왕이 들어준다면 왕과 새 부인에게 대우를 받게 된다. 하지만 잘못해서 왕이 들어주지 않는다면 왕과 뒤를 잇는 부인에게 미움을 사게 된다.

그래서 설공은 열 쌍의 귀걸이를 만들었는데, 그중 하나를 특별히 좋게 만들어 바쳤다. 왕은 그것을 열 명의 첩들에게 나눠주었는데, 설공은 다음날 그중에서 가장 좋은 귀걸이를 달고 있는 여자가 누구인가를 확인한 다음, 그녀를 왕에게 천거하여 주인으로 삼게 했다.

---

[1] 시호는 맹상군(孟嘗君)이며 정곽군 전영의 아들로 진(秦), 제(齊), 위(魏)의 재상을 역임했다. 설(지금의 산동성) 지역에 봉지를 두고 있어서 설공이라고도 불린다.

낮말은 새가 듣고, 밤 말은 쥐가 듣는다
외저설 우상(外儲說 右上)

서수는 천하의 명장으로 이름이 높았는데, 그는 처음에 양梁나라 왕에게 벼슬을 하고 있었다. 진秦나라 왕이 그를 데려다가 나라 일을 맡기려 했으나 서수는 거절했다.

"저는 양나라의 신하인 만큼, 양나라를 떠날 생각이 없습니다."

그러고 나서 1년쯤 지나, 서수는 큰 죄를 짓고 진나라로 망명해 왔다. 진나라 왕은 그를 극진히 대우했다. 그때 진나라 장군인 저리질樗里疾은 서수가 자기를 대신해서 장군이 되지나 않을까 걱정한 나머지 왕이 늘 비밀 이야기를 할 때면 쓰곤 하는 방에 구멍을 만들어두게 했다. 얼마 후 과연 왕은 서수와 이런 비밀 이야기를 주고받고 있었다.

"나는 한韓나라를 칠까 하는데 어떻겠소?"

"가을쯤이 좋을 것으로 생각됩니다."

"나는 경에게 나라의 큰일을 맡길까 하고 있으니, 절대로 다른 사람에게 이 말을 해서는 안 되오."

"알겠습니다."

서수는 뒤로 물러나 공손히 절을 하고는 물러났다.

구멍을 통해 이 이야기를 듣게 된 저리질이 가만히 소문을 퍼뜨려, 근신들은 수군거리기 시작했다.

"가을에는 군사를 일으켜 한나라를 치게 되고, 그때 대장으로 서수가 물망에 오르고 있다."

그리하여 근신들은 그날로 모두가 다 알게 되었고, 한 달 안에는 온 국민이 다 알게 되었다. 그래서 왕은 저리질을 불러 물었다.

"어째서 그런 소문이 떠들썩하게 퍼져 있단 말인가? 어디서 그런 말이 새어 나왔단 말인가?"

"서수의 입에서 나온 것 같습니다."

"나는 서수와 아무 말도 하지 않았는데, 서수가 그런 말을 할 리가 있는가?"

"서수는 망명해온 사람이므로 마음이 불안할 것이 아닙니까? 그래서 그런 말이라도 해서 자기를 내세워 보려는 것이겠지요."

"그럴는지도 모르겠군."

그래서 왕은 사람을 보내 서수를 불렀다. 하지만 서수는 벌써 알고 다른 나라로 달아나버리고 없었다.

주막의 사나운 개

외저설 우상(外儲說 右上)

송宋나라에 술장수가 있었다. 잔을 넉넉하게 채워주고 손님에게도 친절히 대했으며 술맛도 좋고 간판도 잘 보이게 달아놓았는데 술이 팔리지 않아 맛이 변하곤 했다. 까닭을 알 수 없었던 주인은 평소에 친한 양천이란 사람에게 물어보았다. 양천은 되물었다.

"자네 집 개가 혹시 사나운 개가 아닌가?"

"개가 사나우면 술이 안 팔립니까?"

"사람들이 무서워하기 때문이야. 예를 들어, 아이들에게 돈과 술병을 들려 술을 사러 보냈을 때, 개가 달려 나와 물려고 한다면 누가 하필 자네 집으로 술을 사러 가겠는가? 술맛이 변하도록 팔리지 않는 건 뻔한 이치가 아닌가?"

마찬가지로 나라에도 역시 개가 있다. 어진 선비가 나라를 다스릴 재능을 가지고 임금을 만나 의견을 말하려고 하면, 대신이 사나운 개가 되어 달려 나와 선비를 물어뜯는다. 이래가지고는 임금의 총명이 가려지고 위협을 당하게 되어, 어진 선비가 제대로 쓰일 도리가 없다.

일찍이 제齊나라 환공이 관중管仲에게 물었다.

"나라를 다스리는 데 가장 방해가 되는 것은 무엇이오?"

"사서(社鼠 : 숨어 사는 쥐)라는 것이옵니다."

"어째서 그렇단 말이오?"

"임금께서도 사당을 짓는 것을 보신 적이 있을 줄 압니다. 먼저 재목을 다 세우고 나서 벽을 바르게 되는데, 쥐는 빈틈을 이로 갉아 뚫고 들어가서, 안에 구멍을 파고 집을 짓게 됩니다. 쥐가 있는 집을 연기로 구워버리려면 재목을 태울 염려가 있고, 물을 부으려면 벽이 무너질 염려가 있습니다. 그래서 사서는 좀처럼 잡히지 않습니다. 마찬가지로 임금님의 좌우에 있는 사람은 밖으로는 권세를 휘둘러 백성들로부터 재물을 거둬들이고, 조정에서는 서로 결탁하여 못된 짓을 서로 덮어줍니다. 즉 안으로는 임금님의 마음을 더듬어 밖으로 새어 나가게 하고, 혹은 안팎으로 모든 신하와 관리들에게 눈치를 주며 사복을 채웁니다. 법을 집행하는 사람들은 이것을 처벌하지 않으면 법이 문란해진다는 것을 알고 있으면서도, 이를 처벌하면 당장 임금님의 마음을 건드리게 되므로 어쩌지 못해 못 본체하고 맙니다. 말하자면 이것이 바로 사서인 것입니다. 또 신하가 권세를 쥐고 멋대로 법과 제도를 깨트려 가면서 자기에게 유리한 사람에게는 이익을 주고 자기에게 불리한 사람에게는 해를 주는 짓을 서슴지 않습니다. 이것 역시 사나운 개와 같은 것입니다. 그런데 대신이 사나운 개가 되어 어진 선비를 물어뜯고, 좌우에 있는 근신들이 사서가 되어 임금의 마음을 파고드는데도 임금님은 이것을 모르고 있습니다. 이래서야 어떻게 임금의 귀와 눈이 가려지지 않고 견디겠으며, 어떻게 나라가 망하지 않을 수 있겠습니까?"

마지막 결정권자

외저설 우상(外儲說 右上)

위衛나라의 임금이 진晉나라로 갔다가 돌아올 때 그곳의 박의薄
疑에게 부탁했다.

"나는 그대를 내 나라로 데려가고 싶다."

"집에 어머니가 계시므로 돌아가 어머니와 상의해보겠습니다."

임금은 박의보다 먼저 박의의 집으로 찾아가 그의 어머니에게
직접 부탁을 했다. 어머니는 이렇게 대답했다.

"그 애를 임금께서 데려가시겠다니 그저 감격할 뿐이옵니다."

그래서 임금은 박의를 다시 만나 말했다.

"나는 그대의 어머니에게 부탁해서 승낙을 얻어왔다. 그러면 된
것이겠지?"

박의는 말없이 집으로 돌아갔다. 그리고 어머니에게 말했다.

"위나라 임금은 저를 사랑하기는 합니다만, 어머님과 비교하면
어떨까요?"

"나와는 비교가 되지 않을 거다."

"위나라 임금은 저의 재능을 인정하고는 있지만, 어머님과 비교하면 어떨까요?"

"나와 비교할 수는 없겠지."

"어머님은 저와 집안일을 상의하고 나서 완전히 결정을 본 뒤에도, 또 무당인 채씨 할미에게로 가서 결정을 짓곤 합니다. 지금 임금은 저를 데리고 갈 생각으로 이미 결정은 했지만, 뒷날 틀림없이 채씨 할미와 같은 근신들과 상의를 함으로써 결정을 바꾸게 될 것입니다. 그런 정도로서는 도저히 위나라 임금을 오래 모실 수는 없다고 생각됩니다."

좋아하지만 받지 않는다

외저설 우하(外儲說 右下)

공손의公孫儀는 노魯나라의 재상으로, 물고기를 좋아했다. 그래서 전국에서 생선을 바치는 사람들이 많았으나 일체 받으려 하지 않았다. 그의 동생이 그 까닭을 묻자 공손의는 이렇게 대답했다.

"물고기를 좋아하기 때문에 받지 않았을 뿐이다. 만일 그것을 받게 되면 반드시 보내준 사람을 염두에 두어야 할 것이며, 그렇게 되면 법을 제대로 집행할 수 없을 경우도 있을 것이고, 법을 잘못 집행하게 될 경우 재상의 자리를 그만두게도 될 것이다. 그때는 물고기를 좋아해도 갖다 줄 사람이 있을지 의문이며, 내가 사서 먹을 수도 없을 것이다. 그러나 물고기를 받지 않으면 벼슬에서 쫓겨나는 일도 없을 것이고, 물고기가 먹고 싶을 때는 언제나 내가 사서 먹을 수 있지 않겠느냐."

결국 남을 의지하지 말고 자신을 의지하라는 뜻이며, 남이 나를 위해주기를 바라지 말고 자기 스스로 자신을 위하라는 이야기다.

범에 날개를 달지 마라

난세 (亂世)

주서周書[1]에 이런 말이 있다.

'범에 날개를 달지 마라. 마을로 와서 사람을 잡아먹게 된다.'

못된 인간에게 권세를 주는 것은 범에 날개를 다는 것과 같다. 걸桀과 주紂는 높은 집과 넓은 못을 만들어 백성의 재물을 소비시키고 포락[2]의 형을 만들어 백성의 목숨을 해쳤다. 걸과 주가 멋대로 행동하게 된 것은 천자의 위세가 그의 날개가 되었기 때문이다. 만일 걸과 주가 일개 백성에 지나지 않았다면, 그런 짓을 하기 전에 벌부터 받았을 것이다.

이처럼 권세는 범에게 날개를 달아준 것처럼 난폭한 짓을 마구하게 된다. 이것은 천하를 매우 어지럽게 하는 일이다.

---

[1] 주대(周代)의 역사를 기록한 책
[2] 죄인을 기름 바른 쇠기둥에 오르게 하고, 밑에는 숯불을 피워놓아서 기둥에 오르다가 불에 떨어져 죽게 하는 형벌

좋은 약은 입에 쓰다

육반(六反)

옛날 속담에 이런 말이 있다.

'정치는 머리를 감는 것과 같은 것, 머리털이 빠지더라도 머리를 감지 않으면 안 된다.'

머리털 빠지는 것이 아까워서 머리를 감지 않는다면, 이는 사물을 제대로 볼 줄 모르는 사람이다.

대체로 종기를 수술하는 것은 아픈 일이며, 약을 마시는 일은 쓴 것이다. 그렇다고 쓰고 아픈 것이 싫어서 종기를 내버려두고 약을 마시지 않는다면, 목숨을 살리지 못하고 병도 고치지 못한다.

莊子篇

기원전 370년경 송宋나라에서 태어난 장자(이름은 周)는 도가道家의 중심인물이다. 활동 시기는 대체로 전국시대였는데, 그는 당시의 풍조인 변사들의 유세에 대해 초연한 태도를 보이고 벼슬을 사양했다. 저서인 〈장자〉는 주로 논문과 우화로 이루어졌는데, 이 책에 나타난 그의 자유분방한 상상력은 후세의 문학가들에게 필독서로 삼게 했다.

대붕의 뜻

소요유(逍遙遊)

북해 끝 쪽에 곤鯤[1]이라는 고기가 있는데, 그 크기는 몇천 리가 되는지 알 수 없다. 또한 곤이 화해서 붕鵬[2]이라는 새가 된다는데, 그것의 몸통의 길이가 몇천 리에 이르며, 붕새가 힘껏 하늘로 날아오를 때면 그 날개가 마치 하늘을 뒤덮고 있는 구름처럼 보인다고 한다.

이 새는 바닷물이 온통 뒤흔들리는 큰 바람이 일어날 때면 그때를 틈타 남해 끝으로 옮겨간다. 남해란 대자연이 만들어 놓은 큰 못이다.

제해齊諧[3]는 세상의 신기한 것들에 대해 잘 알고 있는 사람인데, 그 사람의 이야기 속에도 이에 대해 나와 있다.

대붕이 남해로 날아갈 때 날개로 바닷물을 치는 것만도 삼천리, 회오리바람을 타고 허공으로 날아오르는 것만도 구만리, 이렇게 여섯 달 동안을 계속 난 다음에야 비로소 날개를 쉰다.

아지랑이와 티끌과 먼지와 생물이 토해내는 입김, 그런 것들로 가득 차 있는 지상에서 바라보면, 허공은 그저 검푸르게만 보인다. 그러나 그것이 과연 허공의 본래의 빛깔일 수 있을까? 아니면 끝도 없이 너무도 멀기 때문에 그렇게 보이는 것뿐일까? 저 높은 허공에서 내려다보는 땅 위의 모습도 역시 마찬가지일 것이다.

그리고 물 또한 수심이 깊지 않으면 큰 배를 띄울 힘이 생기지 않는다. 한 잔의 물을 방바닥 우묵한 곳에 엎질렀을 때 먼지는 떠서 한 조각배가 될 수 있겠지만, 술잔을 놓게 되면 바닥에 닿고 만다. 물은 얕고 배는 크기 때문이다. 그와 마찬가지로, 바람도 강하게 일지 않으면 대붕의 큰 날개를 실을 만한 힘이 생기지 않는다. 그렇다면 대붕이 하늘 구만리로 올라가야만 이 바람은 그 밑에서 일게 되는 셈이다.

이리하여 비로소 대붕은 바람을 타고 푸른 하늘을 날아, 아무런 방해도 받지 않고 남해를 향해 가는 것이다.

쓰르라미나 작은 비둘기는 대붕의 모습을 보고 이렇게 비웃는다.

"우리는 힘을 주어 훌쩍 날아 느릅나무나 참빗살나무 가지를 향해 뛰어오르려 하지만, 때로는 거기조차 미치지 못하고 땅으로 뚝 떨어지고 만다. 저 녀석처럼 굳이 구만리나 날아 올라가서 남쪽으로 가는 따위의 짓은 하지 않는다."

푸른 풀이 우거진 교외로 놀러가는 사람은 세 끼 먹을 도시락만 준비해 가지고 가면 돌아와서도 배고픈 일은 없게 된다. 그러나 백리 길을 가려는 사람은, 전날 밤부터 쌀을 찧어 양식을 마련하지 않으면 안 된다.

또 천 리의 먼 길을 가려는 사람은 석 달 전부터 그 양식을 장만해두어야만 한다. 그러고 보면 쓰르라미나 비둘기 같은 작은 것이 저 대붕의 마음을 알 리가 없다. 대체로 지혜가 작은 것은 지혜가 큰 것을 따르지 못하고 수명이 짧은 것은 수명이 긴 것에 미치지 못한다. 쉬운 예를 들면, 아침에 생겨났다가 저녁에 죽고 마는 버섯은 한 달이 얼마나 긴지를 모르고, 여름에 생겨났다가 가을에 죽고 마는 여름매미는 1년이 얼마나 되는 것인지를 모른다. 수명이 짧은 것들이기 때문이다. 그런데 초나라 남쪽에 있는 명령冥靈이란 나무는 오백 년을 봄으로 삼고 오백 년을 가을로 삼으며, 옛날 대춘大椿이란 나무의 경우는 팔천 년을 봄으로 삼고 팔천 년을 가을로 삼고 있다. 오랜 수명을 누린 사람으로서는 팽조彭祖⁴가 특히 유명한데, 사람들은 그 하찮은 팽조가 되고 싶어 하고 있으니, 이 얼마나 가련한 이야기인가.

이와 비슷한 내용의 이야기가 전해지는 것이 또 있다. 옛날 은殷나라 탕왕이 극棘⁵이라는 어진 사람에게 들은 이야기이다.

먼 황야 북쪽에 명해라는 못이 있어 그 못에 고기가 살고 있는데, 몸의 너비만도 수천 리, 길이는 얼마나 되는지 모른다. 그 고기 이름이 곤鯤이다.

거기에는 또 새가 살고 있는데, 그 이름을 붕鵬이라고 한다. 붕새의 등은 태산만큼이나 크고, 날개는 허공을 내리덮고 있는 구름과 같다. 회오리바람을 타고 하늘로 날아오르기를 구만 리, 구름을 꿰뚫고 푸른 하늘을 업은 채 남쪽을 향해 남해로 날아간다. 메추라기는 그런 대붕의 모습을 보고 이렇게 비웃는다.

"저 녀석은 대관절 어디로 가는 것일까. 우리는 아무리 날아봐야 고작 네댓 길 높이밖에 오르지 못하고, 다북쑥⁶ 사이를 날아다닐 뿐이지만, 그래도 나로서는 더할 나위 없이 즐겁기만 하다. 그런데 저 녀석은 대관절 어디까지 날아간단 말인가."

이것이 바로 작은 것과 큰 것의 차이이다.

---

¹ 본래는 작은 고기의 이름인데, 장자가 일부러 큰 고기의 이름으로 썼다.

² 상상의 새

³ 사람 이름, 혹은 책 이름이라는 설도 있다.

⁴ 요나라 시대의 인물, 800년을 살았다고 한다.

⁵ 탕나라 시대의 현인(賢人). 가공인물이라고 전한다.

⁶ 국화과에 속하는 여러해살이풀

물건 사용법

소요유(逍遙遊)

송宋나라에 손발을 트지 않게 하는 약을 잘 만드는 사람이 있었는데, 그는 조상 때부터의 가업인 무명 바래는 일을 했다. 그 이야기를 들은 나그네 한 사람이 그를 찾아와 손발을 트지 않게 하는 약 만드는 처방을 1백 금에 사겠다고 했다. 그는 가족들을 모아놓고 상의를 했다.

"우리 조상 때부터 무명 바래는 것을 가업으로 해왔지만, 1년을 벌어봐야 고작 오, 류금밖에 되지 않는다. 그런데 지금 이 약 처방을 팔면 당장 1백 금이 생긴다. 팔도록 하는 것이 좋겠다."

결국 이런 결정을 내렸다.

그것을 산 나그네는 오왕吳王에게로 가서 그 약을 군대에 쓰도록 권했다. 얼마 안 있어 오吳나라와 월越나라 사이에 전쟁이 벌어지자, 오왕은 그를 대장으로 삼아 한겨울에 월나라 군사와 물에서 싸우게 했다. 오나라 군사들은 약 덕분에 손발이 어는 일 없이 크게 승리를 거뒀다. 왕은 그에게 땅을 봉해주고 대부의 벼슬을 내렸다.

손발을 트지 않게 하는 약을 가지고 있다는 점에서는 양쪽이 다 마찬가지였지만, 한쪽은 대부로 출세를 하고, 한쪽은 무명이나 바래고 살 수밖에 없었던 것은 결국 그것을 사용하는 방법에 큰 차이가 있었기 때문이다.

나비의 꿈

제물론(齊物論)

언젠가 나 장주莊周[1]는 꿈속에서 나비가 되었다. 훨훨 날아다니는 나비가 되었다. 나는 마음껏 즐기는 가운데 내가 나라는 것마저 잊고 말았다.

얼마 후 문득 꿈에서 깨니 나는 여전히 나 그대로였다. 그럼 지금의 내가 꿈속에 나비가 되었던 것일까. 아니면 그 나비가 꿈을 꾸면서 이 나로 변한 것일까.

물론 지금의 모습으로는 장주와 나비 사이에는 뚜렷한 구별이 있다. 그러나 그것은 물화物化, 즉 오만 것의 끝없는 변화 속의 거짓 모습[假象]인 것이다.

---

[1] 장자를 일컬음.

들꿩에게 깨닫다

양생주(養生主)

　공문헌公文軒[1]이 형을 받아 한쪽 발이 잘린 우사右師[2]의 모습을
보고 깜짝 놀라 물었다.

　"아니, 이게 무슨 일인가. 대관절 어쩌다가 그렇게 되었는가. 하
늘 때문인가, 사람들 때문인가."

　우사는 대답했다.

　"하늘이 나를 낳게 만들었을 때 이렇게 되도록 운명을 지어준 것
이네. 원래 사람은 두 발을 갖도록 되어 있으니 말일세. 저 들판에
사는 꿩을 보게. 열 걸음쯤 걸어가서야 겨우 한 번 쪼아먹고, 백 걸
음쯤 가서야 겨우 한 모금 마셔서 눈으로 보기에는 몹시 부자유한
것처럼 보이지만 그런 생활을 그만두고 새장 속에서 살기를 바라
지는 않는다네. 새장 속에서는 아무리 먹을 것이 풍족하고 기운이
펄펄 난다 해도 자유라는 것을 즐길 수는 없으니 말이네."

[1]상고시대의 현인(賢人) [2]상고시대의 현인(賢人), 악관(樂官)

조삼모사(朝三暮四)

제물론(齊物論)

머리를 써가며 각각 한쪽으로 치우친 이야기들을 하면서도, 그 것이 근본적으로 캐고 들어가면 결국은 마찬가지라는 것을 모르고 있다. 이런 것이 바로 조삼모사라는 것이다.

어떤 사람이 원숭이들에게 도토리를 나눠주면서 말했다.

"오늘부터는 아침에 세 개, 저녁에 네 개씩이다."

그러자 원숭이들이 모두 화를 냈다.

"그럼 아침에 네 개, 저녁에 세 개씩으로 한다."

이렇게 말을 바꾸자, 이번에는 원숭이들이 모두 기뻐했다.

명목이나 실지가 조금도 다를 것이 없는데도 기뻐했다, 화를 냈다 하는 것도 이와 마찬가지다. 그러므로 성인聖人은 사물을 크게 보아 옳은 것과 그른 것을 아울러 한 가지로 봄으로써 자연적으로 이루어진 균형 잡힌 세계에서 편안하게 사는 사람이다. 그것은 또 옳고 그른 것이 다 같이 행해지면서 조금도 장애가 없는 세계로도 불린다.

모른다는 것이 아는 것

제물론(齊物論)

설결齧缺[1]이 스승인 왕예王倪[2]에게 물었다.

"선생님께서는 모든 사람이 다 옳다고 인정하는, 즉 참다운 도道가 어떤 것인지 알고 계십니까?"

"내가 어떻게 그런 것을 알 수 있겠느냐."

"그럼 그것을 알지 못한다는 것은 알고 계시는군요?"

"그것도 모른다."

"그렇다면 세상에는 안다는 것이 없는 것입니까?"

"그것도 알 수 없지. 그러나 굳이 말을 한다면, 우리가 말하는 안다는 것이 실은 모르는 것인지도 모르고, 모른다는 것이 실은 아는 것인지도 모른다. 또 하나 시험 삼아 네게 물어보겠는데 사람은 습기 많은 곳에 살면 신경통이나 반신불수에 걸리게 되지만, 미꾸라지는 과연 어떻겠느냐. 또한 사람은 나무 위에서 살면 무서워서 부들부들 떨지만, 원숭이는 과연 어떻겠느냐. 그러나 이 세 가지 중 과연 어느 쪽이 가장 올바른 곳에 살고 있는지는 아직 결정된 것은 아니다. 먹는 것을 생각해보면, 사람은 소나 돼지를 먹지만 고라니와 사슴은 풀을 먹으며, 지네는 뱀을 좋아하고, 솔개와 까마귀는 쥐를 잘 먹는다. 그러나 이 네 가지 중에서 어느 쪽이 가장 올바른 음식 맛을 알고 있는지는 결정할 수 없는 일이다. 또 하나, 원숭이는 같은 종류의 편저라는 원숭이를 암컷으로 삼고, 고라니는 사슴과 교미를 하며, 미꾸라지는 물고기와 사이좋게 지낸다. 모장[3]과 여희麗姬[4]는 천하 사람들로부터 미인이라 환영을 받고 있지만, 물고기는 이들을 보면 무서워서 물속으로 숨어버리고, 새는 이들을 보면 하늘 높이 날아가 버리며, 사슴은 정신없이 달아나버릴 것이다. 그러므로 이 네 가지 중 어느 쪽이 가장 올바른 미색美色을 알고 있다고 단정할 수는 없다. 그러므로 나에게 말하라고 한다면, 인의仁義니 시비是非니 하는 것도 그 한계나 구별은 너무도 복잡하게 얽히고설켜 있다. 그러니 어찌 그리 간단하게 결정을 지을 수 있겠는가."

[1] 요(堯)시대의 현인(賢人)인 허유(許由)의 스승
[2] 요시대의 현인(賢人)
[3] 월나라 왕 구천의 애첩
[4] 진나라 헌공의 애첩

진리를 깨달은 뒤라야

제물론(齊物論)

  인간이 살아 있음을 기뻐하는 것은 천박하고 잘못된 생각일지도 모를 일이며, 죽는 것을 싫어하는 것은 어렸을 때 고향을 떠나 객지에 눌러 살게 된 사람이 돌아가는 것을 잊고 있는 것과 같은 것일지도 모른다.

  저 여희라는 미인은 중국 변방지역인 애艾를 지킨 사람의 딸이었는데, 처음 진晉나라로 끌려갔을 때는 옷깃이 흠뻑 젖도록 울기만 했다. 그러나 이윽고 궁중으로 들어가 화려한 침대에서 임금을 모시며 맛있는 음식을 먹게 된 뒤로는 도리어 처음에 울고불고했던 것을 후회했다고 한다. 그것과 마찬가지로 죽은 사람은 살아 있는 동안 더 살고 싶어 했던 것을 후회할지도 모를 일이 아닌가.

  또 꿈속에서 술을 마시며 기뻐한 사람이 아침에 울며 슬퍼하기도 하고, 꿈속에서 울며 슬퍼한 사람이 아침에 즐겁게 사냥을 가는 수도 있다. 꿈을 꾸고 있는 동안은 그것이 꿈인 줄을 모르고, 또 꿈속에서 그 꿈이 좋고 나쁜 것을 점치며 기뻐하기도 하고 슬퍼하기도 하지만, 꿈을 깨고 나서야 비로소 그것이 꿈인 것을 깨닫는다. 이처럼 확고하게 진리를 깨달은 뒤라야 인간의 삶이 또 하나의 커다란 꿈에 지나지 않는다는 것을 알 수 있는 것이다.

어리석은 사람들은 천박한 생각 속에 얽매여 살면서도 자신들이 올바른 정신을 가진 줄 알고 영리한 체하며 저분은 귀족이다, 이 녀석은 소몰이꾼이다 하고 귀천과 상하의 구별을 하곤 하는데, 이는 참으로 가소로운 일이다.

그림자의 교훈

제물론(齊物論)

망량罔兩[1]이 그림자에게 물었다.

"넌 금방 걸어가다가 우뚝 서버리고, 금방 앉아 있다가 어느새 또 일어나 버리니, 그 따위 절조 없는 행동이 어디 있는가?"

그러자 그림자는 이렇게 대답했다.

"글쎄, 난 아무래도 형체의 지시에 따라 움직여야만 되는 것 같다. 그런데 내가 우러러보고 있는 형체란 것부터가 역시 조화신造化神의 지시에 따라 움직이지 않으면 안 되는 것 같다. 내가 형체에 이끌려 움직이는 것은 뱀의 배에 붙은 비늘이나 쓰르라미의 날개가 뱀이나 쓰르라미의 움직임에 따라 움직이는 것과 같은 이치인 것 같다. 그러니 그런 내가 왜 걸어갔다 앉았다 하는지, 왜 우뚝 서거나 벌떡 일어나는지 알 턱이 있겠는가."

[1] 그림자 주위에 생기는 엷은 그림자

삶과 죽음

양생주(養生主)

노담老聃[1]이 죽자 친구인 진실秦失[2]이 조상을 갔다. 형식대로 그는 세 번 울고는 곧 돌아가려 했다. 그래서 제자들이 웬일인가 싶어 물었다.

"손님께선 우리 선생님의 친구가 아니십니까?"

"친구일세."

"그런데 겨우 이런 정도의 인사로 괜찮을까요?"

"처음엔 나도 그가 남과 똑같은 사람인 줄 알고 있었는데 지금은 그렇게 생각하지 않네. 방금 내가 조상을 하러 가서 보니 노인들은 마치 자기 아들이라도 잃은 듯이, 또 젊은 사람들은 마치 친부모라도 잃은 듯이 울며 슬퍼하고 있더군. 결국 그런 사람들만 모여 있는 것을 보면, 비록 그가 자기가 죽거든 섭섭해 하라든가 울어달라든가 하는 부탁은 하지 않았더라도 역시 그렇게 하도록 만들었을 것이 틀림없네. 사람이 죽었다고 해서 울고불고하는 것은 하늘의 도리에서 벗어나고, 사람의 자연스런 감정에 어긋나는 일이며 하늘로부터 받은 인간의 생명이 어떤 것인가를 잊고 있는 행동이야. 옛날 사람은 이것을 '둔천遁天[3]의 형刑', 즉 천명天命을 어기는 죄라고까지 불렀어. 자네들 스승이 우연히 세상에 태어난 것은 마침 태어날 시기가 되었던 것뿐이며, 우연히 이 세상을 뜬 것도 죽을 차례가 돌아온 것뿐일세. 시기를 조용히 받아들이고 차례에 따르는 것뿐이라면 삶의 즐거움도 죽음의 슬픔도 마음에 스며들 여지가 없을 것이네. 이러한 도리를 깨달은 사람을 옛날 사람들은 제帝의 현해懸解[4], 즉 하느님이 인간에 내린 생사의 끄나풀을 벗어버린 사람이라고 불렀네. 게다가 인간 개개인의 육체는 죽음에 의해 없어져 버릴지 모르지만, 인간의 생명은 영원한 것일세. 마치 장작이 인간의 육체라면 그것을 태우는 불길은 생명이며, 한 개 한 개의 장작은 타서 없어지지만, 불 그 자체만은 장작에서 장작으로 옮겨가며 언제까지나 타고 있는 것과 같은 것이라네."

[1] 노자(老子)를 일컬음.
[2] 가상의 인물
[3] 자연의 이치를 떠남.
[4] 하늘이 부여한 생사의 괴로움을 벗어남.

범을 알아야 범을 길들이지

인간세(人間世)

"그대는 사마귀란 놈을 아는가? 사마귀는 그 앞발을 번쩍 들고 큰 수레 앞을 딱 가로막고는 자신이 도저히 상대가 되지 않는다는 것도 모르고 버티고 서 있다. 평상시 작은 벌레들을 잡아먹던 팔의 힘만을 믿고 그렇게 설쳐대는 것이다. 사마귀처럼 자기의 잘난 것만 뽐내고 상대방을 무시하는 것은 위험한 일이다. 그대는 범을 길들이는 사람이 어떻게 하고 있는지 아는가. 그는 범에게 결코 산 먹이를 주지 않는다. 그것은 범이 산 먹이를 잡아먹으려고 덤벼들지 않게 하기 위해서이다. 또 그는 먹이를 줄 때 결코 짐승을 통째로는 주지 않는다. 그것도 범이 먹이를 찢어 먹으려고 성을 내는 것을 막기 위해서이다. 이같이 하여 그는 범의 배고픈 것을 잘 조절하며 범이 성내는 버릇을 없애는 데 주력한다. 범은 인간과 種이 다르지만 여전히 기르는 주인을 따르게 되는 것은 범을 기르는 사람이 범의 본성을 따라 거스르지 않기 때문이다. 잘못하다가 그 범에게 죽게 되는 것은 범의 본성을 거스려 마음에 들지 않는 짓을 하기 때문이다. 또 말을 사랑하는 사람은 좋은 바구니에 똥을 담고, 깨끗한 대합 껍데기에 오줌을 받을 정도로 그를 귀여워하지만, 모기나 말파리가 붙어 있는 것을 보고 갑자기 탁 치기라도 하면 말은 깜짝 놀라 재갈을 물어 끊고, 머리나 가슴에 상처를 입을 정도로 몸부림을 치게 된다. 이것은 말을 사랑하는 마음은 크면서도 우연한 부주의로 그 사랑을 형편없이 만들어 버리는 것이다. 어떻게 조심하지 않을 수 있겠는가."

상구의 큰 나무

인간세(人間世)

    남백자기[1]가 상구로 놀러갔다가 이상한 큰 나무를 보게 되었다. 네 마리가 끄는 마차가 1천 대라도 그 나무 그늘에 묻힐 만큼 컸다. 틀림없이 좋은 재목이 될 수 있을 것 같아 살펴보니 꾸불텅꾸불텅해서 도리[棟]나 들보[樑]로는 도저히 쓸 수 없고, 굵은 둥치도 속이 텅 비어 있어서 널나무[木棺]로도 쓸모가 없을 것 같았다. 잎을 씹어보니 독이 있어서 입이 부르틀 지경이었고, 냄새도 어찌나 고약한지 사흘은 구역질이 날 것 같았다. 그래서 그는 이렇게 중얼거렸다.

    "이건 역시 쓸모없는 나무다. 그래서 오히려 이렇게 클 수 있었다. 신인神人으로 불리는 사람도 마찬가진가 보다. 쓸모없으니 베어지지 않고 그의 생명을 오래 유지하는 것을 보면 이 쓸모없는 나무와 같은 것이리라."

---

[1] 벼슬하지 않고 숨어 사는 초나라의 한 선비, 혹은 남곽자(南郭子), 남백자규(南伯子葵)라고도 한다.

지리소의 팔자
인간세(人間世)

    지리소支離疏[1]라는 사나이는 턱이 배꼽에 와 닿고, 어깨는 목보다 높으며, 목뼈는 하늘을 향하고, 오장五臟의 위치가 머리보다 위에 있으며, 두 넓적다리가 옆구리에 와 있는 그런 척추장애인이었다.

    그러나 등이 휘어 있기 때문에 바느질이나 빨래를 하는 데는 안성맞춤이어서 사방에서 데려다 일을 시키는지라 먹고 지내는 데는 아무 걱정이 없었고, 쌀과 겨를 까부는 일이라면 열 사람 가족을 넉넉히 먹여 살릴 만했다. 정부에서 군대를 징발할 때는 뽑혀갈 걱정이 없었기 때문에 두 팔을 내저으면서 그곳에 나타날 수가 있었고, 큰 공사판으로 부역꾼을 마구 끌고 나갈 때도 그만은 장애가 있다고 해서 끌려가는 일이 없었다. 그러면서 정부에서 구제가 있을 때면 쌀 석 종鐘[2]에 장작 열 단은 꼭꼭 받게 되는 늘어진 팔자였다.

    그런데 지리소와 같이 그 육신이 뒤죽박죽이 된 장애인도 자기 몸을 잘 다스려 가며 하늘이 준 수명을 다할 수 있는데, 하물며 그렇지 않은 사람에게는 말해 무엇하리오. 즉 귀찮기만 한 인의니 도

덕이니 하는 따위에 조금도 신경 쓸 것 없이 자연 그대로 살아가는 사람이라면 참된 생명을 온전히 할 수 있을 것은 말할 나위도 없을 것이다.

¹ 원래 지리는 심한 척추장애를 가리킨다.
² 한 종은 엿 섬 너 말

천형(天刑)은 구제할 방법이 없다

덕충부(德充符)

노魯나라에 숙산무지叔山無趾[1]라는 발꿈치가 없는 사람이 있었는데, 어느 날 발을 절뚝거리며 공자를 만나러 갔다.

"당신은 행실을 조심하지 않았기 때문에 벌을 받아 그런 꼴이 된 것이오. 새삼 나를 찾아와 봤자 무슨 소용이 있겠소."

공자에게서 이런 소리를 듣자 무지는 이렇게 대답했다.

"물론 내가 사람으로서 참된 도리를 다하지 못하고 명리名利를 좇아 경솔한 행동을 해서 발을 없애는 결과를 가져오긴 했습니다. 그러나 지금 찾아온 것은 발보다도 더 소중한 것이 남아 있어서 그것을 잃고 싶지 않기 때문입니다. 하늘은 만물을 덮고 땅은 만물을 싣고 있다고 합니다. 나는 선생님을 하늘과 땅처럼 넓은 덕을 가지신 분으로 알고 찾아왔는데 이토록 나를 천대하시니 뜻밖입니다."

"내가 생각이 모자랐소. 자, 어서 안으로 들어오시오. 내가 아는 데까지는 들려줄 테니."

공자는 그의 말을 듣고 곧 태도를 바꾸었지만, 무지는 곧장 돌아가 버리고 말았다. 뒤에 공자는 제자들을 이렇게 타일렀다.

"너희들은 더 열심히 공부하지 않으면 안 된다. 저 무지라는 사람은 형벌을 받은 장애가 있는 사람인데도 학문에 힘을 기울여 지금까지의 잘못을 보상받으려 하고 있다. 너희들도 부족한 것이 없는 완전한 사람이 아니라는 것을 알아야 한다."

한편 무지는 노담을 찾아가서 이렇게 말했다.

"저 공구[孔丘]란 사람은 덕이 지극한 사람이 되려면 아직도 멀었더군요. 그런데 어떻게 제자들을 가르친다고 그렇게 야단이죠? 틀림없이 아는 것이 많다는 터무니없는 평판을 들으려는 것이겠지만, 덕이 지극한 사람의 위치에서 볼 때, 그런 평판 따위는 자기 몸을 속박하는 수갑이나 족가[足枷][2]와 마찬가지라는 것을 모르고 있는 것 같습니다."

"구태여 그렇게만 말하지 말고, 덕이 지극한 사람은 죽고 사는 것을 하나로 보고, 옳고 그른 것을 마찬가지로 안다는 것을 가르쳐주어 그 수갑과 족가를 풀어주는 것이 좋지 않을까?"

"아닙니다. 그는 명성에 사로잡힌, 말하자면 천형을 받은 사람이어서 도저히 달리 구원할 도리가 없습니다."

[1] 숙산은 성씨, 무지는 발꿈치가 없다는 뜻의 이름
[2] 옛 형구(形具)의 하나. 기다란 2개의 나무토막을 맞대고 그 사이에 구멍을 파서 죄인의 두 발목을 넣고 자물쇠를 채우게 되어 있다.

안회의 좌망(坐忘)

대종사(大宗師)

공자의 사랑하는 제자인 안회顔回가 공자에게 말했다.

"저도 이제 많은 수양을 얻게 되었습니다."

"무엇이 어떻다는 말이냐?"

"저는 인의仁義를 잊어버릴 수가 있습니다."

"그건 장한 일이다. 그러나 그것만으로는 아직 충분하지 못하다."

그 뒤 어느 날, 안회가 다시 찾아와 말했다.

"저도 이젠 많은 수양의 진보를 보았습니다."

"어떻게 말이냐?"

"저는 예악禮樂을 잊을 수 있게 되었습니다."

"그건 장한 일이다. 그러나 그것만으로는 충분하다고 할 수 없다."

다음날 안회가 또 찾아와 말했다.

"이젠 보다 많은 수양을 얻게 되었습니다."

"어떻게 말이냐?"

"좌망坐忘[1]을 했습니다."

공자는 깜짝 놀란 표정으로 반문했다.

"좌망이란 무엇이냐?"

"자기 육신을 버리고 총명이 소용없게 되는 것, 즉 모양과 지각知覺에서 벗어나 도道와 일체가 되는 것, 이것이 앉아 있으면서 잊는 좌망입니다."

그러자 공자는 말했다.

"도道와 일체가 되면 사물에 대한 좋고 싫고 사랑스럽고 미운 감정이 없어지고, 도와 동화되면 모든 집착과 구속에서 벗어나게 된다. 너는 역시 현명하다. 나도 이제 너를 따라 배우기로 하겠다."

---

[1] 정좌하여 현재의 세계를 잊고 잡념을 버려 무아의 경지에 들어감.

하늘이냐 사람이냐

대종사(大宗師)

자여子輿[1]는 자상과 친구 사이였다. 장마가 열흘이나 계속되고 있었으므로 자여는 이런 생각을 했다.

"자상은 가뜩이나 가난한데, 이 장마에 어떻게 지낼까."

그래서 그는 밥을 싸들고 자상의 집으로 찾아갔다. 그런데 자상의 사립문 앞에 이르자 자상이 거문고를 뜯으며 노래도 울음도 아닌 이상한 목소리로 중얼거리는 소리가 들려왔다.

"아버지냐? 어머니냐? 하늘이냐? 사람이냐?"

배가 고픈 탓인지 소리가 노래가 되지 못하고 연거푸 같은 소리만을 되풀이할 뿐이었다.

"자네는 아버지냐 어머니냐 하늘이냐 사람이냐 하고 노래를 하는데, 그건 무슨 의미인가?"

자여가 안으로 들어가서 묻자, 자상은 이렇게 대답했다.

"나는 대관절 무슨 인과因果로 이런 곤궁에 빠져 있는지를 생각해봤으나 전연 알 수가 없어. 아버지나 어머니가 설마하니 나를 가난에 빠뜨려 놓고 기뻐할 리도 없고, 하늘과 땅도 굳이 나만을 가난 속에 밀어넣을 리도 없잖겠나. 대관절 누구 때문인지 알 수가 없어. 그런데도 이 꼴이 되어 있으니 이건 역시 내 운명이 이렇게 되어 있음인가 보네."

[1] 공자의 제자인 증삼을 일컬음.

홀(忽)과 혼돈(混沌)

응제왕(應帝王)

남해의 임금을 숙儵[1]이라 하고, 북해의 임금을 홀忽[2]이라 하고 중앙의 임금을 혼돈渾沌이라 불렀다.

숙과 홀 두 임금이 함께 혼돈이 있는 곳으로 찾아갔다. 혼돈은 그들을 반겨 맞아 정중히 대접했다. 숙과 홀은 혼돈의 호의에 어떻게 보답하면 좋을지 상의를 하게 되었다.

"사람은 누구나 눈과 귀와 입과 코 모두 합쳐 일곱 개의 구멍이 있고, 그 덕으로 보고 듣고 먹고 숨 쉬는 것인데 혼돈에게는 그것이 없다. 우리가 고맙다는 표시로 구멍을 뚫어주는 것이 어떨까."

그래서 두 임금은 하루에 한 구멍씩 뚫기 시작했는데, 일곱째 날 일을 끝마쳤을 때는 혼돈은 이미 숨이 끊어져 있었다.

1, 2 둘을 합쳐 숙홀이라고도 하며, 재빨리 달린다는 뜻으로 쓰인다.

대인과 소인

병무(騈拇)

    하인과 하녀 두 사람이 각각 양을 보살피고 있었는데, 둘이 똑같이 양을 놓쳐버렸다. 하인에게 물으니, 책을 읽는 데 열중해 있었다고 했고, 하녀에게 물으니 주사위놀이를 하고 있었다고 했다. 두 사람이 하고 있던 것은 서로 달랐지만 양을 놓친 것은 똑같았다.

    성인으로 불리는 백이는 명분과 절의節義 때문에 수양산 밑에서 굶어죽었고, 도둑으로 유명한 도척은 이익을 탐하는 마음 때문에 동릉산 위에서 살해되었다. 두 사람이 죽게 된 이유는 다르지만 그 목숨을 잃고 본성本性을 해친 것은 마찬가지다. 아무도 백이가 옳고 도척이 옳지 못하다고 할 수는 없다.

    세상 사람들은 명분이나 절조, 욕심 때문에 몸을 바친다. 그럴 경우, 인의를 위해 몸을 바치면 군자라 하고 재물을 위해 몸을 바치면 소인이라 한다. 몸을 바치는 것은 마찬가지인데 군자도 되고 소인도 된다. 그러나 그 생명을 잃고 본성을 해친 점에서는 도척이나 백이나 같은데, 무슨 대인이니 소인이니 하고 구별을 지을 수 있겠는가?

도둑에게도 도(道)가 있다

거협(胠篋)

"도둑에게도 도가 있습니까?"

도척의 부하들이 도척에게 묻자, 도척은 이렇게 대답했다.

"어떤 사회든 도가 없는 곳은 없다. 도둑의 사회로 보면 남의 집 안에 있는 재물을 알아내는 것이 성聖이고, 목표한 곳에 남 먼저 뛰어드는 것이 용勇이며, 추격을 막으며 철수하는 것이 의義, 실행의 가능 여부를 판단하는 것이 지知, 훔친 물건을 공평하게 나눠주는 것이 인仁이다. 이 다섯 가지 도를 가지지 못하는 한 큰 도둑이 될 수 없다."

이 이야기를 놓고 생각해볼 때, 착한 사람도 성인의 도를 얻지 못하면 그 몸을 편안히 할 수가 없고, 도척과 같은 도둑도 성인의 도를 얻지 못하면 훌륭한 도둑질을 할 수 없음을 알 수 있다. 그러나 세상에는 착한 사람이 적고, 악한 사람이 많기 때문에 성인의 도道도 결국 세상을 이롭게 하기보다는 해치는 경우가 많다고 하겠다.

요임금은 고작 군자에 불과

천지(天地)

요임금이 화華라는 지방으로 순시를 갔을 때, 그곳 관문을 지키는 관리가 인사를 올렸다.

"삼가 성인께 축복과 만수무강하심을 비옵니다."

그러자 요임금이 대답했다.

"아니, 나는 사양하겠다."

"그러하오면 더욱더 부富하시기를 비옵니다."

"그것도 사양하겠다."

"그러하오면 아들을 많이 두시기를 비옵니다."

"그것도 사양하겠다."

그러자 관문지기가 반문했다.

"수壽와 부와 아들 많은 것은 누구나가 다 원하는 것인데, 임금께서는 그것을 원치 않으시니 어찌된 까닭이옵니까?"

"아들이 많으면 개중에 못난 놈이 생겨서 도리어 걱정만 많아지고, 부해지면 그만큼 일이 많아지며, 오래 살면 그만큼 욕된 일이 많아진다. 이 세 가지는 어느 것이나 내 몸의 덕을 기르는 데 도움이 되지 못하는 것이라 사양하는 것이다."

그런 말을 듣자 관문지기는 이렇게 반박했다.

"나는 임금께서 성인인 줄 알았는데, 지금 말씀하시는 것을 들으니 고작 군자밖에 되지 못한다는 것을 알았습니다. 하늘은 모든 사람을 낳게 한 다음에는 반드시 그에게 일을 주도록 되어 있습니다. 아들이 아무리 많더라도 각각 알맞은 일을 맡기게 되면 무슨 걱정이 있겠습니까. 재물이 불어나는 대로 남에게 고루 나눠주면 또 무엇이 귀찮을 것이 있겠습니까. 대개 참다운 성인이란 메추라기와 같이 집을 가리지 않고 생각 없이 먹으며 새가 날아다니듯이 자유롭게 사는 것이 아닙니까. 세상이 올바르면 모든 사람들과 함께 번영을 누리고, 올바르지 못하면 덕을 닦아 숨어사는 것도 좋으며, 천 년이나 오래 살다가 세상이 싫어졌을 때 하늘에 올라 신선이 되어 저 흰 구름을 타고 하늘나라에서 사는 것도 무방한 일, 질병과 노쇠와 사망의 세 가지 환난에 시달리는 일 없이 언제나 탈 없이 지낸다면 아무리 오래 산들 또 무슨 욕된 일이 있겠습니까."

말을 마치고 그는 곧 떠나가려 했다.

"잠깐만, 이야기를 좀 더 해주지 않겠소."

요임금은 급히 그를 뒤쫓아가 매달리며 사정을 했다. 하지만 그는 "저리 물러나시오." 하고 단호하게 뿌리치며 떠났다.

옛 사람의 찌꺼기

천도(天道)

제齊나라 환공桓公이 어전에서 책을 읽고 있는데, 윤편이라는 목수가 어전 뜰에서 수레의 바퀴를 깎고 있다가 연장을 놓고 어전에까지 올라와서 환공에게 물었다.

"지금 읽으시는 책에는 누구의 말씀이 적혀 있습니까?"

"성인의 말씀이 적혀 있다."

환공이 대답했다.

"그 성인이 지금 살아 계십니까?"

"이미 돌아가신 지 오래다."

"그러고 보니 임금님이 읽고 계신 것은 옛 사람의 찌꺼기[糟粕]로군요."

"아니, 과인이 글을 읽는데 네가 감히 그런 말을 하다니 그만한 이유라도 있으면 모르되, 그렇지 못하다면 너는 살아남지 못하리라."

그러자 윤편은 거침없이 이렇게 말했다.

"소인은 소인이 하는 일을 두고 하는 말씀이옵니다. 나무를 깎아

바퀴에 맞출 때 너무 수월하게 들어가면 헐거워서 덜거덕거리게 되고, 너무 꼭 끼게 하려면 볼이 채서 잘 들어가지 않습니다. 너무 헐겁지도 않고 너무 끼지도 않게 하려면 비록 손으로 하는 것이긴 하지만 역시 영감靈感과 같은 것이 작용하게 됩니다. 그것은 말로 어떻게 하면 된다고 표현할 수는 없는 것입니다. 그러한 기술은 소인이 자식에게도 가르쳐줄 수가 없었고 자식도 소인에게서 배울 수가 없었습니다. 그래서 소인은 이 나이가 되도록 손수 이 일을 하며 살아가고 있습니다. 옛사람들도 참으로 중요한 것은 글로 표현하지 못한 채 죽어버리지 않았겠습니까? 그러므로 임금님께서 읽고 계신 것도 옛 사람들의 마음의 찌꺼기밖에 더 될 것이 없다는 뜻이옵니다."

노자의 인의관(仁義觀)

천운(天運)

공자孔子가 노자老子를 만나 인의에 대해 말하자, 노자는 이렇게 말했다.

"비유해서 말한다면 겨를 체로 칠 때 그것이 눈에 들어가면 눈이 캄캄해서 앞뒤 좌우조차 분간하지 못하는 경우가 있고, 모기나 등에에게 물리면 가려워서 밤새도록 잠을 못자는 수도 있소. 그러나 그것들은 그때만 마음을 뒤흔들어 놓을 뿐인데 인의仁義란 것은 몹시 사람의 마음을 흥분시키고 뒤흔들어 놓는 것이오. 그대도 인의로써 세상 사람들의 순박한 마음을 잃게 하지 말고, 자연의 덕을 그대로 지니도록 하시오. 구태여 혼자 잘난 체 큰 북을 등에 메고 두들겨 대며 길 잃은 아이들을 찾아 헤매는 것 같은 흉내는 내지 않는 것이 좋단 말이오. 그리고 또 흰 새는 날마다 목욕을 하지 않아도 새하얗고 까마귀는 날마다 검게 물을 들이지 않아도 새까맣지만, 그것들이 날 때부터 지니고 있는 희고 검은 것은 어느 쪽이 좋고 나쁘다는 표준이 될 수는 없소. 그것과 마찬가지로 인仁이니 의義니

하고 세상의 평판을 염두에 둔다는 것은 아마 옹졸한 생각일 것이오. 물고기만 하더라도 물이 모자란 곳으로 한데 몰려들어 서로의 입김과 물거품으로 몸을 축이고 있는 것보다는 강호江湖에서 자기를 잊고 물과 하나가 되어 유유히 헤엄쳐 다니는 것이 다시 없이 좋을 것이오. 사람 역시 그 하찮은 인의 따위에 얽매이지 말고, 자연의 대도大道에 몸을 내맡기는 쪽이 바람직한 일일 것이오."

백락, 도공, 목수의 과오

마제 (馬蹄)

말이란 그 발굽으로 서리와 눈을 밟고, 그 털로써 바람과 추위를 막는다. 그리고 배가 고프면 풀을 뜯고 목이 마르면 물을 마시며 껑충껑충 뛰어다닌다. 이것이 말의 본성이다. 말에게는 훌륭한 높은 집이나 궁전 따위는 있어 봐야 아무 소용이 없다.

그런데 백락이란 사람이 나타나서 말했다.

"나는 말을 길들이는 명수다."

그렇게 말하고 그는 말에 낙인烙印을 찍고 갈기털을 깎고, 발굽을 칼로 손질하고, 장식 끈을 채우고, 고삐를 매고 발을 묶어 마구간에 들이고 목판에 눕게 하니 열 마리 가운데 두세 마리의 말은 죽고 마는 형편이었다. 백락은 다시 여물과 물을 제한해서 굶주리게도 하고 목마르게도 하며, 빨리 달리고 천천히 뛰는 훈련을 시키고 앞에는 재갈과 가슴걸이[纓]로 고정시키고 뒤에는 채찍질을 했기 때문에 말은 마침내 반수 이상이나 죽었다.

도공陶工이 말했다.

"나야말로 찰흙을 다루는 명수다. 둥근 그릇이라면 둥근 자[規]를 댄 것처럼, 모난 그릇이라면 곡척曲尺을 댄 것처럼 만들 수 있다."

목수도 자랑했다.

"나야말로 나무를 다루는 명수로서 굽은 것은 굽은 대로, 곧은 것은 먹줄 그대로 다듬어 보일 수 있다."

그러나 찰흙이나 나무 자체가 과연 도공이나 목수가 말하는 그런 모양으로 만들어지는 것을 바라겠는가.

세상에서는 백락이야말로 말을 잘 다루는 명수라고 떠들어 대고, 도공이나 목수는 흙과 나무를 잘 다룬다고 칭찬들을 하고 있지만, 이들도 인의와 예악으로 인간의 본성을 바로 잡아 천하를 잘 다스리게 한다고 뽐내고 있는 명군明君이니 현사賢士니 하는 사람들과 똑같은 과오를 범하고 있는 것이다.

네가 바로 우물 안 개구리다

추수(秋水)

공손용公孫龍[1]이 위魏나라 공자公子인 모牟에게 물었다.

"나는 어릴 때부터 선왕의 도를 배우고 커서는 인의의 행실을 분명히 했으며, 동이同異[2]를 합치고 견백堅白[3]을 나누어 그렇지 않은 것을 그렇다고 하고, 옳지 못한 것을 옳다고 하여 많은 학자들의 지혜를 보잘것없는 것으로 만들고, 모든 변사들의 의논을 꺾어 스스로 다시없는 달인으로 자부하고 있었습니다. 그런데 저 장자의 말을 듣고 있노라면 뭐가 뭔지 갈피를 잡을 수가 없습니다. 내 의논과 지식이 아직 그만 못해서일까요. 도무지 반박할 만한 틈마저 보이지 않습니다. 어떻게 하면 그를 입도 못 벌리게 할 수 있을까요?"

공자 모는 하늘을 쳐다보고 한숨을 쉬더니 웃으며 이렇게 말했다.

"그대는 저 쓰지 않는 우물 안 개구리의 이야기를 모르는 모양이군. 그 개구리는 동해에 사는 자라에게 이렇게 자랑을 했다네. '나는 사는 것이 참 즐겁다. 나무틀 위로 뛰어오르기도 하고 옆벽의 떨어져 나간 기왓장에서 쉬기도 하고, 물로 풍덩 뛰어들어 두 다리를 물속에 담그고 얼굴만 물 위로 내놓기도 하고 진흙 속에 발끝을 밀어 넣기도 하며 논다. 주위에는 장구벌레나 가재나 올챙이들이 있지만 어느 것도 나를 당할 놈은 없거든. 우물 안 물을 전부 내가 차지하고 우물 안을 나보란 듯이 돌아다니는 즐거움이란 정말 가슴이 벅차오를 지경이야. 자네도 가끔 찾아주지 않겠나.' 그래서 자라가 찾아가 봤더니 왼쪽 발이 아직 다 들어가지도 않아서 오른쪽 무릎이 걸릴 지경이었어. 하도 어이가 없어 뒤로 물러서면서 '내가 살고 있는 동해란 곳은 말이다. 넓이는 천 리 정도가 아니고 깊이 역시 천 길이 넘는단다. 우왕 때는 10년 동안 아홉 번 큰 홍수가 있었지만 물이 불어난 일이 없었고 탕왕 때는 8년 동안에 일곱 번 큰 가뭄이 있었지만 물이 준 일이 없었어. 즉 세월에 따라 물이 불어나거나 줄어드는 일이 없었지. 말하자면 이런 점들이 동해에 사는 즐거움이거든' 하고 말하니 우물 안 개구리는 그만 기가 질려버리고 말았다는 거야. 자네는 어느 것이 옳고 그른지도 구별하지 못하는 주제에 장자의 말을 이러쿵저러쿵한다는 것부터가 흡사 모기에게 산을 지우고 노래기에게 강을 건너게 하는 것과 무엇이 다르겠는가. 그리고 장자의 미묘하고 지극한 이론을 알아듣지도 못하면서 하찮은 구변 따위로 한때의 승리를 거둔 것을 뽐내고 있는 꼴이란 우물 안 개구리를 닮아도 너무 닮았구먼."

1 조나라의 변사, 〈견백의 궤변〉으로 유명함.
2 상식적인 개념을 뒤바꾼 것, 견백의 예가 있다.
3 궤변으로 단단한 돌은 돌이 아니고, 흰 말은 말이 아니라는 堅石非石, 白馬非馬를 일컬음.

곡(哭) 대신 노래를 하다

지락(至樂)

장자의 부인이 죽었을 때 친구인 혜자惠子가 조상을 갔다. 장자는 비스듬히 기대고 앉아 악기를 두들기며 노래를 부르고 있었다. 그것을 본 혜자가 나무랐다.

"자네는 부인과 함께 자식을 기르고 같이 늙어 온 사이가 아닌가. 부인이 죽어서 울지 않는 정도라면 모르겠는데, 악기를 두들겨가며 노래까지 부른다는 건 좀 너무하지 않나."

그러자 장자는 이렇게 대답했다.

"그런 게 아닐세. 그 사람이 죽었을 당시는 나도 슬프지 않은 게 아니었네. 그러나 잘 생각해보면 인간이란 애당초부터 생명을 가지고 있지는 않았어. 생명은 고사하고 형체도 없었고 형체는 고사하고 기운조차 없었네. 그저 막막하고 혼돈한 대도大道 속에 섞여 있던 것이 변해서 기운을 낳게 되고 기운이 변해서 형체가 생기고 형체가 변해서 생명을 갖게 되고 그것이 지금 또 변해서 죽어간 것뿐이야. 즉 삶과 죽음의 변천이란 것은 사계절의 순환과 마찬가지가 아닌가. 그리고 모처럼 하늘과 땅을 침실삼아 편안히 잠들어 있는 참된 모습 옆에서 엉엉 소리쳐 운다는 것은 천명天命인 자연의 변화를 분간 못하는 천박한 짓으로 생각되었기 때문에 우는 것을 그만둔 걸세."

해골이 말하다

지락(至樂)

장자가 초楚나라로 가던 도중 들판에 버려진 해골을 보게 되었는데, 바싹 말라빠진 앙상한 형체만이 남아 있었다. 장자는 들고 있던 채찍으로 해골을 두들기며 조용히 말을 건넸다.

"그대는 삶을 탐내고 욕심에 사로잡혀 이 꼴이 되었는가. 혹은 못된 일을 저지르고 부모 처자에게 욕된 이름을 남기는 것이 부끄러워서 이리 되었는가. 또는 굶주리고 추워서 이렇게 죽고 말았는가. 천수天壽를 다하고 이 지경에 이른 것인가."

말을 마친 장자는 해골을 끌어당겨 그것을 베개 삼아 옆으로 누웠다. 그날 밤 해골이 꿈에 나타나 말했다.

"그대의 말하는 품이 흡사 변사인 것처럼 보이는데 그대가 말한 모든 것은 어느 것이나 다 육신이 살아 있는 인간 세상의 근심 걱정일 뿐, 죽은 사람의 세계와는 전연 상관이 없는 일이오. 듣고 싶다면 죽은 사람의 세계가 어떤 것인가를 말해줄 수 있소."

"좋소. 어디 들어보도록 합시다."

"죽은 사람의 세계란 위로 임금도 없고 아래로 신하도 없으며 사계절의 구별조차도 없소. 그저 자연스럽게 하늘과 땅으로 봄과 가을을 삼는다오. 이런 즐거움이란 인간 세상의 왕자로서도 맛볼 수 없는 것이오."

장자는 잘 믿어지지가 않아서 다시 물었다.

"하지만 만일 내가 사람의 수명을 맡은 천신天神에게 부탁해서 그대의 몸을 옛날 그대로 뼈와 살을 만들어 부모와 처자와 옛 친구들이 있는 곳으로 보내줄 수 있다면 그대도 그것을 원할 것이 아니겠소."

그러자 해골은 몹시 못마땅한 표정을 지으며 대답했다.

"무슨 소리를 하는 거요. 왕자보다도 더한 즐거움을 버리고 또다시 천박한 인간세계의 고통을 겪으란 말이오?"

무적의 투계(鬪鷄)

달생(達生)

투계鬪鷄를 잘 길들이기로 유명한 제齊나라의 현인賢人 기성자가 어느 왕의 부탁으로 투계 한 마리를 길들이게 되었다. 열흘이 지나자 왕은 기성자를 불러 물었다.

"어떤가, 이제 그만하면 싸움을 붙여볼 만큼 되었는가?"

"아직 멀었습니다. 아직도 다른 닭의 울음소리나 그림자만 봐도 덤벼들려 하고 있습니다."

다시 열흘이 지나서 물었다.

"아직도 멀었습니다. 적을 보면 노려보기만 할 뿐 여전히 지지 않으려는 태도가 가시지 않았습니다."

그리고 열흘이 지나서 물었다.

"아직도 멀었습니다. 적을 보면 노려보기만 할 뿐 여전히 지지 않으려는 태도가 가시지 않았습니다."

그리고 열흘이 지나서 다시 물었다.

"그런대로 좋을 것으로 보입니다. 이제 상대방 닭이 아무리 소리치며 덤벼들어도 조금도 태도가 달라지지 않습니다. 멀리서 바라보면 흡사 나무로 깎아 만든 닭처럼 보입니다. 덕德이 충만해진 증거입니다. 이만하면 어떤 닭이라도 상대가 되려 하지 않고 도망칠 것이 틀림없습니다."

가난과 고생의 차이
산목(山木)

    장자가 누덕누덕 기운 옷에 허리띠를 질끈 동여매고 다 떨어진 신을 새끼줄로 발에 얽어맨 채 위魏나라 임금을 만나러 대궐로 찾아갔다.

    "이거 장 선생 아니시오. 고생이 너무 심하시구려."

    장자는 임금의 말에 다음과 같이 대답했다.

    "천만에요. 내가 가난하기는 하지만 고생이랄 건 없습니다. 다만 때를 만나지 못했을 뿐이지요. 누더기 옷에 떨어진 신을 신는 것이 가난한 것이 될 수는 있지만 고생이라고는 말할 수 없습니다. 고생이란 선비가 학문을 배웠으면서도 그것을 실천하지 못해 고통스러워하는 것이기 때문입니다. 임금께선 저 나무를 잘 타는 원숭이를 알고 계시겠지요. 들메나무나 가래나무나 예장禮樟나무를 만나 가지를 잡고 한창 신바람이 나 있을 때는 예나 봉몽逢蒙 같은 명궁으로도 쏘아 떨어뜨릴 수 없지만, 회양목이나 가시나무, 탱자나무처럼 가시가 돋친 위험한 나무 사이에 있을 때는 조심조심 걸어

가며, 눈을 두리번거리고 후들후들 겁이 나 떨게 됩니다. 이것은 원숭이의 뼈나 힘줄이 굳어버려서 그런 것이 아니고, 있는 장소가 불편해서 있는 기능을 제대로 발휘할 수 없기 때문입니다. 그것과 마찬가지로 오늘날과 같은 세상에서 어둡고 어리석은 임금이나 사악한 재상들 틈바구니에 끼어 있게 되면 고통스럽지 않으려야 않을 도리가 없을 것입니다. 비간比干[1]이 가슴을 갈라야만 했던 것도 역시 그런 하나의 예로 볼 수 있을 것입니다."

[1] 미자(微子), 기자(箕子)와 함께 상나라 말기의 3명의 어진 사람으로 꼽힌다.

잘난 첩, 못난 첩

산목(山木)

양자陽子가 송宋나라로 가서 어느 여관에 묵게 되었다. 여관 주인에게 두 첩이 있었는데 미인이었고 또 하나는 못생긴 편이었다. 그런데 못생긴 쪽이 대우를 받고, 미인은 그 아랫자리에 놓여 있었다. 양자가 그 까닭을 묻자, 여관 주인은 이렇게 대답했다.

"좀 잘생긴 여자는 제 스스로 잘생긴 것을 자랑하고 있기 때문에 나는 도리어 싫증이 나서 조금도 잘나 보이지가 않습니다. 못생긴 여자는 제 스스로 못생긴 것을 알고 언제나 기를 못 펴고 지내기 때문에 나는 그것이 공연히 귀엽고 기특하기만 해서 얼굴이 못생긴 것은 조금도 느껴지지가 않습지요."

그 말을 듣고 양자는 제자들에게 이렇게 타일렀다.

"너희들도 명심해두어라. 남에게 좋은 일을 하고도 제 스스로 잘한 것 같은 태도를 갖지 않으면 어디를 가나 남들로부터 사랑을 받을 것이다."

참다운 화공(畵工)

전자방(田子方)

송宋나라 원군元君이 화공을 불러 그림을 그리게 했다. 불려온 많은 화공들은 명령을 받기가 무섭게 곧장 일어나 붓을 빨고 먹을 갈기 위해 방 안으로 들어오는데, 비좁아 다 들어가지 못하고 밖에 있는 사람이 반이 넘는 형편이었다. 그런데 뒤늦게 나타난 화공 한 사람이 있었는데 걸음걸이가 너무도 태연스러웠고, 명령을 받고도 성급하게 일어서는 일도 없이 그대로 여관을 향해 돌아가 버리고 말았다. 원군이 사람을 시켜 그의 거동을 살피게 했던 바, 그 화공은 옷을 훌훌 벗어버리고 두 다리를 쭉 뻗고는 쉬고 있다는 것이었다. 원군은 그 말을 듣고 실로 감탄했다.

"됐다, 됐어. 그 화공이야말로 참다운 화공이다."

활쏘기의 명인

전자청(田子廳)

열어구列禦寇[1]가 백혼무인伯昏無人[2]에게 활을 쏘아보였다.

활촉 끝이 활에 닿도록 활줄을 마냥 잡아당겨서 물이 가득 담겨 있는 잔을 팔뚝 위에 올려놓은 채 화살을 쏘아 보냈다. 화살 하나가 줄을 떠났다고 생각되는 순간, 어느새 다른 화살이 줄에 와 얹혀 있었고, 그 화살이 줄을 떠나기가 무섭게 또 다른 화살이 줄에 와 얹혔다. 그러는데도 그동안 몸뚱이는 나무로 만든 사람처럼 꼼짝도 하지 않았다.

그것을 보고 백혼무인은 말했다.

"활을 쏘는 것은 맞히려고 쏘는 것이지, 맞히지 않으려고 쏘는 것은 아니다. 그러니 맞은 것은 당연하지 않은가. 어디 자네와 같이 한번 높은 산으로 올라가서 쑥 내민 바위 끝을 밟고 백 길 깊은 호수를 굽어보기로 하자. 그런 자세로 자네가 과연 활을 제대로 쏠 수 있을까?"

이리하여 두 사람은 높은 산으로 올라가 바위를 딛고 백 길 호수를 굽어보게 되었다. 백혼무인은 호수를 등 뒤로 하고 뒷걸음을 치더니 발뒤꿈치를 3분의 2나 허공으로 나가 있도록 한 다음, 열어구를 손짓해 그리로 와서 서도록 했다.

열어구는 제대로 서 있지를 못하고 바위에 엎드린 채 식은땀을 흘렸다. 백혼무인은 그것을 보자 이렇게 말했다.

"원래 덕이 지극한 사람은 위로는 하늘 끝까지, 아래로는 황천의 밑바닥까지 우주의 사방팔방을 남김없이 날아다녀도 마음이나 얼굴에 사소한 동요도 없는 것이다. 그런데 너는 지금 눈앞이 캄캄하고 부들부들 떠는 그런 모습이 아닌가. 그래 가지고야 아무리 활을 쏜들 어떻게 과녁에 가서 맞겠는가."

¹ 열자(列子)
² 상고시대의 현인(賢人)

도(道)가 있는 곳은 어디인가?

지북유(知北遊)

동곽자東郭子가 장자에게 물었다.

"당신이 말하는 도道란 어디에 있는 것입니까? 어디라고 분명히 일러주십시오."

"어디에나 있지. 땅강아지와 개미에게 있다."

"꽤나 시시한 것에 있군요."

"벼쭉정이와 피에도 있지."

"점점 극단으로 가는군요."

"똥이나 오줌에도 있는걸."

동곽자가 잠자코 있자, 장자는 이렇게 말했다.

"도대체 자네가 묻는 것부터 틀려먹었네. 예를 들어 귀족 집사가 시장에서 돼지를 고르는데 살찐 놈과 여윈 놈을 골라내고자 할 때 머리가 있는 위쪽보다는 궁둥이와 발이 있는 아래쪽을 보면 알기가 쉬운 법일세. 그리고 사물을 초월해 있는 것으로 생각해서도 안 되네. 도道는 어디에나 있는 것이고, 참다운 가르침도 역시 그런 걸세."

원숭이에게서 배우다

서무귀(徐無鬼)

오吳나라 왕이 원숭이 사냥을 위해 강 건너 산으로 올라갔다. 대부분의 원숭이들은 일행을 보는 즉시, 소리 없이 깊은 숲속으로 달아나 버렸다. 그런데 유독 한 놈이 달아날 생각을 하지 않고 재주를 부리며 왕이 활을 쏘면 화살이 날아오는 대로 한손으로 척척 받아넘겼다. 그래서 왕은 시종들에게 명령을 내려 마구 활을 쏘도록 했다. 원숭이란 놈은 결국 손이 미치지 못해 화살을 맞고 거꾸러졌다. 그것을 본 왕은 동행했던 안불의顔不疑를 돌아보며 말했다.

"이 원숭이는 제 재주만 믿고 까불다가 결국은 죽고 말았다. 그대도 잘난 척하며 남을 업신여기는 일이 없도록 하라."

안불의는 그 길로 돌아와 동오董梧라는 어진 사람을 스승으로 섬기며 남을 업신여기는 태도를 버리고 세속적인 낙 같은 것에도 관심을 두지 않고 높은 벼슬도 버리고는 수양에만 힘썼기 때문에 3년 뒤에는 온 국민들로부터 존경을 받게 되었다.

행운이 깃든 관상

서무귀(徐無鬼)

　　남백자기에게 여덟 명의 아들이 있었다. 그는 구방인이라는 관상 잘 보는 사람을 불러 그들 여덟 명의 관상을 물었다.

　　"자식들 가운데 누가 가장 행운을 누리게 될 것 같은가?"

　　"곤이라는 아드님이 가장 뛰어납니다."

　　자기는 싱글벙글하며 말했다.

　　"대관절 어떤 행운이란 말이오?"

　　"곤이란 아드님은 일국의 임금님과 다름없는 식복食福을 누리며 일생을 마치겠습니다."

　　그 말을 듣자 자기는 눈물을 주르륵 흘리며 말했다.

　　"내 자식이 어쩌면 그렇게까지 불행하게 된다는 건가."

　　"원 천만에, 일국의 임금과 같은 식복을 누리게 된다면 그 부귀의 은택이 삼족三族에까지 미칠 것이 아닙니까. 더구나 부모님이야 말할 것도 없지 않습니까. 지금 그런 기쁜 소식을 듣고 슬퍼하신다면 모처럼 찾아온 복을 멀리하는 것이 되옵니다. 아드님은 행운의

상을 가졌지만 우시는 아버님은 불운한 상이 되옵니다."

　"아마 당신은 아직 모를 거요. 당신이 말한 곤의 복이란 것은 단순한 술 냄새와 고기 맛이 코와 입으로 들어오는 것만을 말한 것일 뿐, 그런 사치스런 것이 어디서 어떻게 오는 것인지는 모르고 있는 거요. 만일 내가 양을 기르지도 않는데 암양이 생겨난다거나 사냥을 한 적도 없는데 메추라기가 집 모퉁이에 떨어져 있다면 당신도 아마 이상하게 여길 거요. 나는 내 자식들이 모두 천지자연에 몸과 마음을 맡기도록 하고 있소. 하늘을 따라 낙을 찾고 땅을 의지하여 먹을 것을 구할 뿐, 세속적인 일에 손을 댄다거나 공연한 계획을 꾸민다거나 색다른 이상한 짓을 저지르게 한 일도 없소. 자식들이 다 같이 자연의 진실을 본받아 남의 물건으로 인해 마음을 어지럽히는 일이 없이 생긴 그대로에 만족하게 했을 뿐 세속적인 좋고 나쁜 일을 꾀한 적도 없소. 그런데 지금 일국의 임금과 똑같은 세속적인 식복을 누리게 된다니 알 수 없는 일이 아니오. 대체로 이상한 징후는 이상한 행동이 있기 때문인데 그럴 만한 까닭을 모르겠구려. 정말 두렵기만 하오. 나와 내 자식들이 지은 죄가 아니라면 아마 하늘이 내린 괴변일 거요. 그런 생각에서 내가 울었던 것이오."

　그런 일이 있은 뒤 얼마 안 되어 곤을 연燕나라로 보내게 되었다. 그런데 도중에 도둑에게 붙잡혀 팔려 넘어가게 되었는데 도둑들은 혹시 곤이 도망칠까 봐 발목을 잘라버린 채 제齊나라로 데리고 와서 팔아넘겼다. 그러나 운 좋게 거공渠公에게 팔려 문지기 노릇을 하게 되었기 때문에 그는 일생동안 고기를 먹으며 지낼 수 있었다.

달팽이 뿔의 싸움

칙양(則陽)

위衛나라의 제상인 혜자惠子가 대진인戴晉人이라는 어진 사람에게 위나라 혜왕을 만나보게 했다. 대진인은 왕에게 말했다.

"임금님께옵서는 달팽이를 알고 계시겠지요?"

"알고 있습니다."

"그 달팽이의 왼쪽 뿔에는 촉씨가, 오른쪽 뿔에는 만씨가 나라를 만들어 가지고 있었습니다. 그런데 언젠가 그들은 영토를 더 차지하려고 전쟁을 일으켰고, 그 결과 죽은 사람이 수만 명이나 되었고 달아나는 적을 보름이나 추격한 뒤에야 비로소 군대를 돌렸습니다."

"그거야 터무니없는 이야기겠지요."

"하지만 그 터무니없는 이야기가 사실이라는 것을 보여드리겠습니다. 임금님께선 대관절 이 우주가 사방이나 위아래가 끝이 있다고 생각하십니까?"

"끝이 없다고 봐야겠지요."

"그렇다면 마음이 그 끝없는 세상에서 놀고 있는 사람의 위치에서 봤을 때, 사람이 서로 오고가는 이 땅 위의 나라들이 있어도 그만, 없어도 그만인 하찮은 것으로 보이지 않겠습니까?"

"과연 그렇겠군요."

"그 나라들 가운데 위라는 나라가 있고 그 위나라 가운데 양梁이라는 도시가 있고, 그 도시 가운데 임금님이 계십니다. 우주의 무궁한 것에 비한다면 임금님과 달팽이 뿔 위에 있는 만씨 나라의 임금과 과연 어느 정도의 차이가 있겠습니까?"

"과연 큰 차이가 없을 것 같습니다."

대진인은 그대로 물러가 버렸는데, 혜왕은 멍하니 넋을 잃은 사람처럼 앉아 있었다. 그때 혜자가 들어왔다.

"아니, 지금 그 사람 대단한 인물이야. 성인도 그만은 못할 거야."

감탄해 마지않는 혜왕에게 혜자는 이렇게 말했다.

"피리를 불면 높은 소리가 울립니다. 그러나 칼의 손잡이에 있는 작은 구멍은 불어도 쉬 — 하고 바람이 빠져나갈 뿐입니다. 세상에서는 요순을 성인이라고 떠들어 대지만, 그들을 대진인 앞에 세워두고 비교한다면 고작 쉬 소리가 나는 정도일 것입니다."

붕어가 화를 내다

외물(外物)

　장자는 집이 가난했기 때문에 언젠가 감하후監河候에게 돈을 꾸러 갔었다.

　"빌려주고말고, 마침 봉읍封邑에서 세금이 들어오게 되어 있으니 그것이 들어오면 삼백 금 정도 융통해주겠소. 그만하면 군색함을 면할 수 있을지."

　그 말을 듣자 장자는 성난 목소리로 받아넘겼다.

　"내가 아까 이리로 오던 도중에 누군가 나를 부르기에 주위를 둘러보았더니 길바닥 수레바퀴 자국으로 생긴 물웅덩이에 붕어란 놈이 한 마리 있지 않겠소. 내가 '대관절 넌 웬 놈이냐?' 하고 물었더니 놈은 '난 동해의 물을 관리하는 관리라오. 부디 한 말이나 한 되쯤 물을 길어다가 나를 도와줄 수 없겠소?' 합디다. 그래서 나는 '그야 어렵지 않지. 나는 지금 남쪽으로 오吳나라와 월越나라 임금을 만나러 가는 길이니 겸사겸사 서강西江의 물을 이리로 끌고 오도록 하겠다.' 그랬더니 붕어란 놈은 화를 내며 이렇게 말했소. '난 지금 당장 목을 축일 물이 없어 그러는 것이니, 한 말이나 아니면 한 되의 물만 있어도 살아날 수가 있을 것이오. 당신이 서강 물을 끌어오겠다면 아예 그만두는 것이 좋소. 차라리 일찌감치 건물 가게 앞에서 내 시체를 찾아보시오.' 했습니다."

임 공자의 큰 낚시

외물(外物)

임국任國[1]의 공자公子가 큰 낚시와 굵은 낚싯줄을 만들어 쉰 마리의 소를 미끼로 해서 회계산會稽山[2]에 자리를 잡고 앉았다. 그러고는 낚싯대를 동해바다에 드리우고 고기를 낚고 있었다. 매일같이 그렇게 하기를 1년 가까이 했는데도 아무것도 걸리는 것이 없었다.

그러다가 겨우 어떻게 큰 고기 한 마리가 낚시 바늘을 물기는 했지만 낚싯대를 끌고 물 속 깊숙이 들어가 버리고 말았다. 그러고는 얼마를 있노라니 무서운 기세로 물 위로 쑥 솟아오르며 지느러미를 흔들었다. 그러자 온통 산더미 같은 파도가 일어나며, 그 진동하는 소리가 마치 귀신의 울음소리처럼 울려 천 리 밖에 있는 사람들까지 깜짝 놀라 몸을 떨 지경이었다.

공자는 어렵사리 그 고기를 끌어올려 배를 가르고 토막을 내어 포를 만들었다. 원체 큰 고기라 제하制河[3] 동쪽 창오산蒼梧山[4] 북쪽 사람들까지 골고루 실컷 먹을 만큼 한몫씩을 얻게 되었다.

그 뒤로 수다스럽고 시시한 이야기들을 즐기는 사람들은 모두

얼이 빠진 듯이 이 이야기를 주고받았다고 한다.

하기야 가느다란 낚시 줄을 매단 보잘 것 없는 낚싯대를 메고 들 가운데 있는 도랑으로 나가 붕어나 작은 물고기들을 노리고 있는 사람들에게는 이런 큰 고기를 낚는다는 것은 생각조차 할 수 없는 일이다.

마찬가지로 시시한 말재간을 부리며 세상의 평판을 얻으려는 사람은 큰 출세 같은 것은 생각조차 할 수 없다.

다시 말해 이 임국 공자의 그릇을 이해하지 못하는 사람들과는 도저히 함께 천하의 경륜을 논할 수 없다는 이야기이다.

[1] 황제의 후예를 봉한 나라
[2] 중국 절강성에 있는 산
[3] 절강(浙江)
[4] 중국 호남성에 있는 산

경중(輕重)을 가릴 줄 알아야
양왕(讓王)

한韓나라와 위魏나라가 서로 영토를 침략하여 싸움을 하고 있었다. 이때 자화자子華子[1]가 소희공昭僖公을 만나자 몹시 우울한 표정을 짓고 있는지라 이렇게 말했다.

"지금 가령 세상 사람들이 왕 앞에서 서약서를 썼다고 합시다. 그 서약서에는 '왼손으로 이 서약서를 잡으면 오른손이 잘릴 것이며 오른손으로 잡으면 왼손이 잘리게 된다. 그러나 이것을 잡는 사람에게는 틀림없이 천하를 차지하도록 할 것이다.' 하고 쓰여 있다면 왕께선 그것을 잡으시겠습니까?"

"아니오. 나는 잡지 않겠소."

"참으로 훌륭하십니다. 그리고 보면 두 팔은 천하보다도 소중한 것이며 몸뚱이는 두 팔보다도 소중한 것이 아니겠습니까? 그리고 한 나라는 천하보다 가벼운 것이며 지금 다투고 있는 땅은 한 나라보다도 더욱 가벼운 것입니다. 그런데 지금 왕께선 몸을 괴롭히고 삶을 해쳐 가면서까지 그것을 손에 넣지 못해 걱정을 하십니다."

그것을 들은 소희공은 말했다.

"참으로 좋은 말씀을 해주셨소. 나를 가르쳐주는 사람은 많지만 그런 말을 들려준 사람은 여태껏 없었소."

그러고 보면 자화자는 사물의 경중을 안 사람이라 할 수 있다.

[1] 중국 전국시대 철학자

왕이 되기 싫은 왕자

양왕(讓王)

月越나라에서는 임금이 3대가 계속해서 피살되어서 왕자인 수搜는 임금이 되는 것이 싫어 산 중의 굴속으로 달아나고 말았다. 월나라에서는 임금이 없는지라 왕자 수를 찾아 헤맸지만 좀처럼 찾을 수가 없었다. 그러다가 겨우 어렵게 그가 있는 동굴을 발견하기는 했지만 왕자는 밖으로 나오려 하지 않았다. 그래서 사람들은 쑥을 태워 억지로 나오게 하여 국왕의 수레에 모셨다. 왕자도 하는 수 없어 수레에 오르기는 했지만 하늘을 우러러보며 큰 소리로 외쳤다.

"왕이 되는 건가! 내가 또 왕이 되는 건가! 왜 나를 가만두지 못하는가!"

왕자 수는 임금이 되는 것을 싫어한 것이 아니라 임금이 됨으로써 죽게 될 것을 두려워했던 것이다. 그와 같은 사람은 왕이 되는 대신 생명을 잃게 되는 일을 하지 않는 사람이라 할 수 있다. 그러나 한편 그렇기 때문에 월나라 사람들은 그를 왕으로 받들려 했다.

무용지물(無用之物)

외물(外物)

"자네가 지금 하는 말은 전혀 쓸모가 없는 것들이야."

혜자가 이렇게 말하자 장자는 대답했다.

"그런 게 아닐세. 쓸모없는 것을 알고 있어야만 쓸모 있는 것도 말할 수 있는 법이거든. 땅만 하더라도 넓고 큰 것임에는 틀림없지만 사람이 서는 데는 발붙일 곳만 있으면 그만일세. 그러나 발을 딛고 그 주위를 전부 낭떠러지가 되도록 파내려 가보게. 그렇게 되면 서 있는 그 땅이 무슨 소용이 있겠는가."

"소용이 없지."

"그렇다면 쓸모없는 것이 실은 쓸모 있는 것이라는 것을 알 수 있지 않은가."

참으로 흰 것은 때 묻어 보인다

우언(寓言)

양자거陽子居가 노담을 찾아 멀리 남쪽 패沛에 갔을 때 노담은 벌써 서쪽에 있는 진秦나라로 떠난 뒤였다. 양자거는 위나라의 서울인 양梁에까지 가서야 노담을 따를 수 있었다. 그는 함께 가는 도중에 노담이 하늘을 우러러보며 탄식 섞인 목소리로 중얼거리는 소리를 들었다.

"나는 맨 처음 너에게서 취할 점이 좀 있는 줄로 알고 있었는데, 지금 보니 전연 형편없는 녀석이로구나."

양자거는 그 말에 대답을 하지 못했다. 그러나 이윽고 여인숙에 이르자 노담에게 세숫대야와 양칫물, 손수건, 빗 등 필요한 것들을 갖다놓은 다음 방 밖에서 신을 벗어던지고 조심조심 무릎걸음을 치며 들어가 공손히 물었다.

"아까부터 여쭤보려 했습니다만 도중이라 그럴 겨를이 없었습니다. 지금은 한가하실 것 같아 여쭤볼까 하옵니다. 아까 저에게 전연 형편이 없는 놈이라고 하셨는데, 그 까닭이 무엇입니까?"

노담은 대답했다.

"너는 말이다. 눈을 부릅뜨듯 크게 뜨고 거만을 부리며 난 체하는 것처럼 보인다. 그래 가지고는 모든 사람들로부터 따돌림을 당하게 된다. 참으로 흰 것은 도리어 때 묻은 것처럼 보이고, 덕이 차 있는 사람은 도리어 모자라는 것처럼 보이는 법이다."

양자거는 자지러지게 놀라 얼굴빛을 바꾸며 대답했다.

"네, 이제야 알겠습니다."

처음 양자거가 집을 떠나 그가 여인숙에 들게 되었을 때는 함께 들어 있는 손님들까지 그를 정중히 받들어 모셨고, 여인숙 주인은 깔방석을 들고 그 마누라는 손수건과 빗을 들고 나왔으며, 누구나 자리를 피해주었고 난롯가에 불을 쬐고 있던 사람도 따뜻한 곳을 양보했다. 그러나 돌아갈 때에는 함께 자는 손들이 그와 자리를 다투기를 꺼리지 않을 정도로 흉허물 없는 태도로 그를 대했다.

역린(逆鱗)을 알아야
열어구(列禦寇)

어떤 사람이 송宋나라 임금에게서 열 사람이 탈 수 있는 수레를 얻어 몹시 만족해하며 장자에게 자랑을 하려고 찾아왔다. 장자는 그에게 이렇게 말해주었다.

"어느 강가에 가난한 부자父子가 살고 있었다네. 갈대로 발을 만들어 그날그날 살아가고 있었지. 그런데 어느 날 아들이 물속에서 값이 천금이나 나가는 구슬을 주워가지고 왔지. 그러자 아버지는, '그런 구슬 따위는 돌로 부숴버려라. 그런 구슬은 아홉 길이나 되는 깊은 물속에 사는 흑룡의 턱 밑에밖에 없다. 네놈이 그걸 가지고 올 수 있었던 건 틀림없이 그 흑룡이 잠들어 있어서일 것이다. 그놈이 눈이라도 뜨고 있었다면 네까짓 것은 통째로 집어삼키고 말았을 것이다.'라고 말했지. 그런데 지금 송나라의 어려운 형편이나 송나라 임금의 횡포는 아홉 길 물밑에 있는 흑룡 정도가 아닐세. 자네가 수레를 얻게 된 것은 송나라 임금이 잠을 자고 있었기 때문이야. 만일 그가 깨어 있었더라면 자네 역시 통째로 삼키고 말았을 것일세."

천지를 널 삼다

열어구(列禦寇)

장자가 죽게 되기 직전에 제자들이 선생님의 장사를 후하게 지낼 생각으로 의논을 하고 있자, 장자는 이렇게 말했다.

"하늘과 땅을 널로 삼고 해와 달을 한 쌍의 구슬로 삼고, 별들을 구슬 장식으로 하고, 만물을 부장품副葬品이라고 생각한다면 내 장례식에 부족한 것이 무엇이 있겠느냐. 이 위에 또 무엇을 더하겠다는 것이냐?"

"하지만 아무렇게나 장사를 지내면 까마귀나 솔개가 선생님의 유체를 쪼아 먹지 않겠사옵니까?"

"물론 땅 위에 있으면 까마귀와 솔개의 밥이 된다. 그러나 땅 밑에 있으면 땅강아지나 개미의 밥이 되지 않느냐. 까마귀와 솔개가 먹을 것을 땅강아지나 개미에게 준다고 해서 나을 게 무엇이겠느냐? 그런 공정하지 못한 생각으로 사물을 판단하려 한다면 그 공정은 참다운 공정이 될 수 없다. 또 사심私心이 없는 무심無心의 감응感應에 의하지 않고 교활한 사람의 행위로써 사물에 대응하려 한다면 그것은 참다운 대응이 되지 못한다. 어쨌든 명지明知를 자랑하는 사람의 지혜는 신지神知를 가진 사람의 지혜에 미치지 못하는 법이다. 명지를 자랑하는 사람은 자연의 변화에 순응하지 못하지만 신지를 가진 사람은 무심無心으로써 사물에 감응하여 순응하게 된다. 명지가 신지에 미치지 못하는 것은 오늘에 비롯된 것이 아닌데 어리석은 인간들은 자신의 지식이나 생각만을 믿고 인위에 빠져버리기 때문에 그들이 하는 일은 밖으로만 치달을 뿐 내적인 것에는 아무런 도움도 주지 못한다. 참으로 슬픈 일이 아니냐."

孔子篇

기원전 521년 노魯나라에서 태어난 공자(이름은 丘, 자는 仲尼)는 유가儒家의 비조이다. 생애의 30여 년 동안을 치국의 도를 펴기 위해 여러 나라를 돌아다녔다. 그는 중국 역사상 최초로 학문적 집단을 이루어 제자가 3천 명에 달했다고 한다. 사상은 중용사상과 인도주의 사상으로 요약되는데, 여기서는 〈논어〉와 〈공자가어〉에 나오는 내용 중 일화에 가까운 것들을 간추렸다.

남에게 이렇게 주어라

논어 옹야(論語 雍也)

공자가 제자 자화子華를 사적인 볼일로 제齊나라로 보냈다. 같은 제자인 염자가 자화의 어머니에게 식량을 주자고 하자, 공자는 한 부釜[1]를 주라고 했다. 너무 적은 것 같다고 하자, 그럼 한 유庾[2]를 주라고 했다. 염자는 그래도 적은 것 같아 쌀 다섯 병秉[3]을 주었다.

그러자 공자는 염자를 이렇게 꾸짖었다.

"자화는 살찐 말을 타고 좋은 가죽옷을 입고 떠났다. 나는 군자는 급한 사람을 보살피고 잘 사는 사람을 보태주지 않는다고 들었다."

한편, 공자가 노魯나라에 있을 때 그의 일을 맡은 제자 원사原思에게 쌀 900석을 주었는데 이를 받지 않자, 공자는 이렇게 말했다.

"사양할 것 없다. 남는 것은 너의 이웃과 고을사람에게 주어라."

---

[1] 부(釜)는 6말 4되, [2] 유(庾)는 16말, [3] 병(秉)은 160말(16섬)을 가리킴.

공자의 집 담장

논어 자장(論語 子張)

노魯나라의 대부인 숙손무숙叔孫武叔이 조회 마당에서 다른 대부들과 이야기를 하며 자공을 평했다.

"자공이 공자보다 더 뛰어나다."

자복경백子服景伯이 이 이야기를 자공에게 일렀다. 그러자 자공은 이렇게 말했다.

"집과 담을 놓고 비교한다면, 나의 담은 어깨까지 닿기 때문에 지나가는 사람은 누구나 집안의 좋은 것들을 다 들여다볼 수가 있다. 그러나 공자의 담은 몇 길이나 되기 때문에 대문을 거쳐 들어간 사람이 아니면, 그 안에 있는 것들의 아름다움과 풍성함을 볼 수 없다. 그 대문 안으로 숙손대감이 들어가 본 적이 없으니 대감께서 하신 말씀이 또한 당연할 것이다."

윗물이 맑아야

가어 시주(家語始誅)

공자가 노魯나라 대사구大司寇[1]로 있을 때 어버이가 자식을 고소한 사건이 있었다.

공자는 아버지의 고소에 따라 아들을 옥에 가둔 채 석 달이 지나도록 사실 심문을 하지 않았다. 그러자 고소를 했던 아버지가 아들의 죄를 용서해줄 것을 청해왔다.

공자는 아들을 옥에서 풀어주었다.

당시 실권자인 계손이 이 소식을 듣고 못마땅한 듯이 말했다.

"공자가 나를 속이는구나. 앞서 나에게 말하기는, 나라는 반드시 효도로 기강을 세워야 한다고 했다. 내가 지금 그 불효한 자식을 죽임으로써 백성들에게 효도를 가르치게 된다면 또한 좋은 일이 아니겠는가. 어째서 용서를 한단 말이냐?"

계손의 심복이요 공자의 제자인 염유가 공자에게 이 말을 전했다. 그러자 공자는 탄식을 하면서 말했다.

"윗사람이 윗사람의 도리를 잃고 그 아랫사람만을 죽이는 것은 이치에 맞지 않는 일이다. 효도를 가르친 일이 없이 죄를 다스린다는 것은 곧 죄 없는 사람을 죽이는 것이다. 삼군三軍이 싸워 크게 패했을 때 그들을 다 죽일 수는 없는 일이다. 법이 제대로 행해지지 않는데 죄인을 전부 법에 의해 다스릴 수는 없는 일이다. 무엇 때문일까. 위에서 제대로 가르치지 못했을 뿐이지 백성에게 죄가 있는 것은 아니기 때문이다. 대개 명령을 철저히 전달하지 않고 위반한 사람만을 애써 처벌하는 것을 적賊이라고 한다. 세금을 계절도 가리지 않고 마구 거둬들이는 것을 폭暴이라 하고, 그 사람의 능력도 시험해보지 않고 좋은 결과만을 책임 지우는 것을 학虐이라고 한다. 정치에서 이 세 가지가 없어진 다음에야 죄를 다스릴 수 있는 것이다."

<hr />

1 형조판서를 예스럽게 이르는 말

버리려던 생선

가어 관사(家語觀思)

공자가 초楚나라로 가는데 고기잡이가 고기를 공자에게 바쳤다.
공자는 사양하고 받지 않았다. 그러자 고기잡이가 말했다.

"날씨는 덥고 시장은 멀어서 팔 수가 없습니다. 그래서 밭에 거
름이나 할까 하다가 군자君子에게 바치는 게 좋겠다고 생각해 드리
는 것입니다."

그러자 공자는 두 번 절하고 그것을 받은 다음, 제자들에게 땅을
깨끗이 쓸고 제사를 지내도록 했다.

제자들이 물었다.

"그가 버리려다 준 것인데 선생님께서 제사를 지내시려는 것은
무슨 이유에서입니까?"

"나는 듣건대 삶아 먹기를 아까워하면서도 남 주기를 좋아하는
사람은 어진 사람이라고 했다. 어진 사람이 준 것을 어찌 제사지내
지 않을 수 있겠느냐."

자공의 간접 질문
논어 술이(論語述而)

위衞나라에서 부자간에 싸움이 벌어지고 있었다.

위나라 영공靈公의 태자 괴외는 아버지 영공의 미움을 받아 국외로 추방당했으므로, 영공이 죽게 되자 괴외의 아들 첩이 영공의 뒤를 이어 임금이 되었다. 그런데 진晉나라로 망명해 갔던 괴외는 자기 아버지가 죽고 아들이 임금에 오른 것을 알자, 진나라의 후원을 얻어 위나라로 임금 자리를 차지하기 위해 쳐들어갔다.

위나라에서도 이에 대항하여 싸우게 되었는데, 이때 공자는 제자들과 함께 위나라에 있었다.

공자의 태도가 궁금했던 제자들 중 염유가 자공에게 물었다.

"선생님은 지금 위나라 임금을 위하시게 될까요?"

"글쎄, 내가 가서 물어보지."

자공은 공자에게 갔다. 그러나 엉뚱하게도 딴 질문을 했다.

"백이숙제伯夷叔齊[1]는 어떤 사람입니까?"

"옛날에 어진 사람이었다."

"그들은 서로 원망했었습니까?"

"어진 일을 찾아 어진 일을 했을 뿐인데 또 무얼 원망했겠는가?"

자공은 나와서 말했다.

"우리 선생님은 누구도 위하지 않으신다."

백이와 숙제는 형제끼리도 나라를 사양해서 초야에 숨었는데, 괴외와 첩은 부자끼리 나라를 놓고 다투고 있으니 말할 것도 없다는 뜻이다.

[1] 은나라 고죽군(孤竹君)의 아들로 왕위를 서로 양보했고, 주나라 무왕(武王)이 은나라 주(紂)를 토벌하자 천자를 공격한 신하라며 섬기기를 거부하고 수양산에 들어가 고사리를 캐어 먹다 죽어서 충신의 대명사가 된 인물

불량배의 아들

논어 술이(論語述而)

불량배들만 모여 사는 호향互鄕이란 곳이 있었다. 세상 사람들은 호향 사람이라 하면 상대를 하지 않았다.

그런데 하루는 그 호향의 아이 하나가 공자를 만나고 싶다고 찾아왔다. 공자는 조금도 싫어하는 기색이 없이 그 아이를 들어오게 했다.

제자들은 공자의 처사에 의혹을 품고 못마땅해 하는 눈치였다.

공자는 이때 제자들에게 이렇게 타일렀다.

"사람이 자기 마음을 깨끗이 하고 찾아오는데, 그 깨끗함을 받아들이면 됐지, 그의 과거의 일까지 따질 거야 없지 않느냐. 또한 그가 나아갔을 때만을 관여할 뿐, 그가 물러가서 하는 일까지 생각할 거야 없지 않느냐. 그러니 나쁘게 대할 거야 없지 않다."

답이 두 개다

논어 선진(論語 先進)

자로가 공자에게 물었다.

"들으면 곧 행해야 합니까?"

"부형父兄이 계신데 어떻게 듣는 대로 행할 수 있겠느냐?"

염유가 또 공자에게 물었다.

"들으면 곧 행해야 합니까?"

"들으면 곧 행해야 한다."

똑같은 질문에 공자의 대답이 다른 것을 본 공서화가 물었다.

"자로가 물었을 때는 선생님께서 '부형이 계신데 어떻게' 하셨고 염유가 물었을 때는 곧 행하라고 하시니 그 까닭을 듣고 싶습니다."

"염유는 후회를 잘하기 때문에 나아가게 하기 위한 것이고, 자로는 남보다 배나 용감하게 나아가기 때문에 그렇게 하지 못하게 한 것이다."

미치광이인 줄 알았지만

논어 미자(論語 微子)

초楚나라의 미치광이인 접여接興[1]가 공자의 수레 앞으로 노래를 부르며 지나갔다.

봉鳳[2]이여 봉이여,

어찌 덕이 쇠했는가.

지나간 일은 탓할 것이 없지만

다가올 일은 조심하는 것이 좋아.

그만둘지어다. 그만둘지어다.

오늘의 정치인은 위태롭기 그만이로다.

공자는 수레에서 내려 그와 이야기를 나누려 했다. 그러나 그가 피해 달아나는 바람에 함께 이야기를 나눌 수가 없었다.

[1] 수레에 다가왔다는 뜻으로 이름으로 사용했다. 벼슬하지 않고 숨어사는 선비로 알려짐.
[2] 봉(鳳)은 태평성세에 나타날 뿐, 난세에는 몸을 피한다고 한다. 여기서는 공자를 일컬음.

구세충정(救世衷情)

논어 미자(論語 微子)

장저長沮와 걸닉桀溺이란 두 은사隱士가 함께 밭을 갈고 있었다.

공자가 그 앞을 지나다가 짐짓 자로를 시켜 나루가 어디냐고 물어오게 했다.

장저는 나루터를 일러주지 않은 채 물었다.

"저기 말고삐를 잡고 앉은 사람은 누군가?"

"공구올시다."

"그가 노나라의 공구인가?"

"그렇습니다."

"그 사람은 나루를 알 거야."

자로는 걸닉에게 다시 물었다. 그러자 걸닉 역시 대답은 하지 않고 물었다.

"자네는 누군가?"

"중유仲由(子路)라고 합니다."

"그럼 노나라 공구의 제자인가?"

"그렇습니다."

"온 천하가 지금 홍수처럼 휩쓸려 내려가고 있는데 누가 이것을 막을 수 있겠는가? 그리고 좋지 못한 사람을 피해 이리저리로 돌아다니는 공구와 같은 사람을 따라다니느니, 못된 세상을 피해 숨어 사는 사람을 따르는 것이 좋지 않겠는가?"

그는 말을 마치고는 뿌린 씨앗을 긁어 덮고 있었다.

자로는 돌아가 공자에게 그들이 한 말을 전했다.

공자는 낙심하여 허탈해하는 모습으로 말했다.

"새와 짐승을 벗하고 살 수는 없지 않은가. 이 세상 사람과 함께 살지 않고 내가 누구와 함께 살 것인가. 천하에 도道가 행해지고 있다면, 내가 굳이 나서서 이렇게 다닐 것조차 없지 않겠는가?"

친구는 이렇게 사귀어라

논어 자장(論語 子張)

자하子夏의 제자 한 사람이 자장子張[1]에게 친구 사귀는 방법을 묻자, 자장은 자하는 뭐라고 하더냐고 반문했다.

"자하의 말씀인즉 사귀어도 좋을 사람은 같이 사귀고, 사귀어서 좋지 못할 사람은 아예 거절하라고 했습니다."

"그건 내가 들은 바와는 다르다. 군자는 어진 사람을 존경하고 뭇사람을 포용하며, 착한 사람을 가상히 여기고 무능한 사람을 불쌍히 여기는 법이다. 내가 아주 어질다면 남을 용납하지 못할 것이 뭐 있으며, 내가 어질지 못하다면 남이 나를 거절할 텐데 어떻게 남을 거절한단 말인가?"

[1] 공자의 제자(공문십철의 한 사람)

어진 마음과 용서하는 마음

가어 관사(家語觀思)

계고季羔는 위衛나라 감옥의 관리로 있으면서 죄인의 발을 자른 일이 있었다. 그리고 얼마 후 위나라에 괴외의 난이 일어났다. 계고는 난을 피해 성곽 문으로 달아났다. 그 성곽 문에는 바로 그가 얼마 전 발을 잘랐던 사람이 문지기가 되어 문을 지키고 있었다.

문은 열 수 없게 되어 있었다.

문지기는 계고에게 일러주었다.

"저기 성이 무너진 데가 있습니다."

"군자가 담을 넘어 도망칠 수가 있겠는가?"

계고는 넘어가기를 꺼렸다.

"저기 빠져나갈 수 있는 구멍이 있습니다."

"군자가 어떻게 개구멍으로 빠져나갈 수가 있겠는가?"

"그럼 여기 방이 있으니 그리로 피하십시오."

계고는 문지기가 일러주는 방으로 들어갔다.

이윽고 추격해오던 사람들이 다 흩어진 다음, 방에서 나와 돌아가게 된 계고는 문지기에게 물었다.

"임금의 법을 어길 수 없어서 손수 그대의 발을 자르기는 했지만 어쨌든 내가 자네의 원수가 아닌가. 지금 내가 궁지에 빠져 있으니 지금이야말로 그대는 원수를 갚을 수 있게 되지 않았는가? 그런데 나에게 세 번이나 도망갈 길을 일러준 것은 무엇 때문인가?"

문지기가 대답했다.

"발이 잘린 것은 죄가 거기에 해당하니 어찌할 수가 없지 않습니까. 앞서 당신께서 저를 법으로 다스릴 때 다른 사람을 먼저 다스리고 나를 제일 나중에 다스린 것은 혹시나 내가 용서라도 받을까 해서가 아닙니까. 재판이 끝나고 죄가 결정되어 형을 집행할 때, 당신께서 몹시 슬퍼하는 것을 보았습니다. 당신께서 어떻게 내게 사사로운 정을 쏟을 수가 있었겠습니까? 하늘이 내리신 군자는 마땅히 그래야 할 것이 아닙니까. 그래서 저는 당신을 그때부터 존경하고 있었습니다."

공자는 이 이야기를 듣고 이렇게 평했다.

"훌륭한 일이다. 관리가 되어 법을 집행하는 것은 매한가지지만, 어진 마음과 용서하는 마음을 가지면 덕을 심게 되고, 엄격하고 사나우면 원한을 심게 된다. 계고는 공정한 마음으로 공무를 수행했다고 하겠다."

공자를 떠난 13인의 제자

가어 관사(家語觀思)

공자가 제齊나라로 가던 중에 몹시 구슬프게 우는 소리를 들었다.

"이 울음이 슬프기는 하지만 초상당한 사람의 울음은 아니다."

공자는 마부에게 말하고 말을 몰아 울음이 나는 쪽으로 갔다.

조금 가노라니, 웬 이상한 사람이 낫을 들고 새끼로 띠를 매고 울고 있는데, 그 소리가 슬프지는 않았다.

공자는 수레에서 내려 쫓아가 물었다.

"당신은 누구요?"

"나는 구오자丘吾子라는 사람이오."

"당신은 지금 초상당한 것도 아닌데 어째서 슬피 우시오?"

구오자는 말했다.

"나는 세 가지를 잃고 늦게야 스스로 깨달았으니 뉘우친들 무슨 소용이 있겠소?"

"세 가지 잃은 것이 무엇인지 숨김없이 내게 말해줄 수 있겠소?"

"나는 젊었을 때 배우기를 좋아해서 천하를 두루 돌아다녔고, 늦게야 집에 와 부모를 잃었으니 이것이 첫 번째 잃음이요, 커서 제나라 임금을 섬겼으나 임금이 교만하고 사치해서 선비들을 다 잃게 되어 신하로서의 도리를 다하지 못했으니 이것이 두 번째 잃음이요, 평생 남과 사귀기를 좋아했으나 지금은 다 내게서 떠나버렸으니 이것이 세 번째 잃음이오. 나무는 가만히 있고 싶지만 바람이 그치지를 않고 자식은 부모를 봉양하고 싶지만 부모가 기다려 주질 않는 법이오. 오지 않는 것은 세월이요, 두 번 다시 볼 수 없는 것이 부모요. 그럼 이만 가보겠소."

마침내 그는 물로 뛰어들어 죽었다.

"너희들 잘 기억해두어라. 이것은 충분히 교훈이 됨직하다."

그러자 그 길로 제자들 중 13명이 공자에게 하직하고 돌아가 부모를 봉양했다.

남이 싫어하는 것은 피한다

가어 관사(家語觀思)

공자가 밖에 나가려는데 비가 올 것만 같았다. 그런데 수레에는 덮개가 없었다.

"자하에게 덮개가 있습니다."

제자들이 빌려오려 하자, 공자는 이를 말렸다.

"내가 들으니, 자하는 사람됨이 재물에 대해 대단히 인색한 편이다. 남과 사귀고 잘 지내려면 그 사람의 좋은 점은 북돋아주고, 그의 부족한 점은 피해주어야 오래 사귈 수 있다."

사람이 다르다

가어 호생 (家語好生)

노魯나라 사람으로 혼자 사는 사람이 있었는데, 그 이웃에도 집을 갖고 혼자 사는 과부가 있었다.

어느 날 밤, 폭풍우가 불어 닥쳐 과부의 집이 쓰러지자, 과부는 옆집에 혼자 사는 사람의 집으로 달려가 하룻밤 재워줄 것을 청했다.

남자는 문을 걸어 잠그고 방 안에 들이지 않았다. 과부는 창문으로 남자를 원망했다.

"당신은 어쩌면 그렇게도 인정이 없단 말입니까. 왜 나를 들여놓지 않는 거요?"

"인정이 없어서 그런 게 아니오. 내가 듣건대 남자는 나이 예순이 넘지 않으면 이성을 옆에 두고 마음 편히 혼자 있지 못한다 했소. 지금 당신도 나이가 젊고, 나 또한 나이가 젊기에 감히 당신을 들일 수 없는 것이오."

"옛날 유하혜柳下惠[1]는 폭풍우에 쫓긴 여인과 같이 밤을 지내도 아무도 그를 의심하는 사람이 없지 않았소? 당신은 왜 유하혜처럼 하지 못하는 거요?"

"유하혜는 그럴 수 있지만 나는 그럴 수가 없소. 나는 나의 그럴 수 없는 것을 가지고 있기 때문에 유하혜의 그럴 수 있는 것을 배우려 하는 거요."

이 이야기를 듣고 공자는 말했다.

"장한 일이다. 유하혜를 배우려는 사람으로 이보다 더 잘할 수는 없는 일이다. 최고의 선善을 바라면서도 그가 한 일을 그대로 따라 하지 않는 것은 지혜롭다 할 수 있다."

---

[1] 춘추 초기 노나라의 대부로 현자(賢者)다. 대도(大盜)이자 악인으로 이름난 도척이 그의 동생이다.

인간은 건망증 환자

가어 현군(家語賢君)

노魯나라 애공哀公이 공자에게 물었다.

"과인이 듣건대, 잊기를 잘하는 사람이 이사를 가면서 그 아내를 잊었다는데 그것이 사실이오?"

"그건 오히려 덜 심한 사람입니다. 심한 사람은 자기 몸마저 잊게 됩니다."

"어디 이야기를 들려줄 수 있겠소?"

"옛날 하夏나라의 걸왕桀王은 귀하기로는 천자요, 부하기로는 세상에서 으뜸이었지만 그의 거룩한 조상들에 대한 도리를 잊고, 법과 제도를 허물어 버리고 대대로 내려오던 제祭를 폐했으며 음락淫樂과 술에 빠진 데다 간사한 신하들의 아첨으로 그의 마음이 흐트러져 버렸습니다. 충성된 선비들은 입을 다물고 죄를 피해 말을 하지 않는지라, 결국 천하가 걸을 죽이고 그 나라를 차지하고 말았으니, 이것이 곧 자기 몸마저 잊어버린 사람 중 가장 심한 사람이라고 할 수 있습니다."

백성을 위한 긍휼
가어 곡례자공문(家語 曲禮子貢問)

진晉나라가 장차 송宋나라를 칠 생각으로 사람을 송나라로 보내어 실정을 탐지해오도록 했다.

하루는 송나라의 양문陽門을 지키는 병사가 죽었는데, 재상인 사성자한司城子罕이 직접 문상을 가서 매우 슬프게 울고, 백성들은 이를 매우 기쁘게 여겼다. 탐지하러 갔던 사람이 이것을 보자 곧 돌아와 진나라 임금에게 말했다.

그러자 공자는 말했다.

"장하도다, 나라를 살피는 그 마음이여. 〈시경〉에 이르기를 '무릇 백성 중에 다친 사람이 있으면 달려가 이를 구하라'고 했는데, 자한이 바로 그렇다. 비록 진나라가 아닌 온 천하가 송나라를 상대한다 해도 당해낼 수 있겠는가. 그러기에 주임周任이 말하기를 '백성이 위정자를 좋게 생각하고 기뻐하면, 감히 그를 함부로 하지 못할 뿐만 아니라 그 나라도 함부로 칠 수 없다'고 했다."

어째서 우는 울음인고
가어 안회(家語顏回)

공자가 위衛나라에 있을 때, 새벽 일찍 몹시 슬프게 우는 곡성이 들렸다. 공자는 안회에게 그 이유를 물었다.

"제가 듣기에 이 울음은 다만 죽은 사람만을 위해 우는 것이 아니라, 생이별 때문인 것 같습니다."

"어떻게 아느냐?"

"제가 환산桓山에서 새 울음소리를 들은 적이 있습니다. 새가 새끼를 네 마리 낳았는데, 날개가 이미 다 자라 각각 사방으로 헤어지게 되었을 때 그 어미가 슬피 울며 보내는 소리가 이와 비슷했습니다. 그것은 곧 가면 다시 돌아오지 못하는 것을 뜻합니다."

공자가 사람을 시켜서 우는 이유를 물어보게 했더니 '아비가 죽었는데 집이 가난해서 자식을 팔아 장사를 지내어 영영 헤어지게 되었다'는 것이었다.

안회의 말이 맞자, 공자는 말했다.

"안회는 소리의 의미를 잘 안다."

화도 되고 복도 되고

가어 육본(家語六本)

공자가 지나가다 보니 그물로 참새를 잡는 사람이 있었는데 잡은 것은 모두가 부리가 노란 어린 새들뿐이었다. 그래서 공자가 그 이유를 묻자, 새잡이는 말했다.

"큰 참새는 놀라기를 잘해서 잡기가 어렵습니다. 그에 반해 어린 것은 먹는 데만 정신이 팔려서 잡기가 쉽지요. 새끼가 어미를 따라도 잡기 힘들고, 어미가 새끼를 따라도 역시 잡기 힘듭니다."

공자는 제자들을 돌아보며 말했다.

"놀라기를 잘함으로써 해를 당하지 않을 수 있고, 먹는 것에 팔려 근심을 잊는 것은 그 마음에서 오는 것이지만, 다만 서로 어울리는 것으로 인해 화도 되고 복도 될 수 있으니 군자는 서로 어울리는 것을 조심해야 한다. 어른이라는 생각으로 행하면 몸을 온전히 유지할 수 있고, 젊은이의 고지식함을 따르면 위험하거나 실패하게 된다."

순종만이 효가 아니다

가어 육본(家語六本)

증자曾子가 참외밭을 매는데 서툴러서 뿌리를 전부 끊어놓았다. 증자의 아버지 증석이 화가 나서 굵은 지팡이를 들고 증자의 등을 쳤다. 증자는 땅에 쓰러져 정신을 잃고 말았다.

얼마가 지난 후 깨어나자, 그는 흔연히 일어나 아버지를 뵙고 잘못을 빌었다.

그러고는 자기 방으로 가서 거문고를 타며 노래를 불렀다. 자기에게 아무 탈이 없다는 것을 아버지께 알리기 위해서였다.

공자는 이 소식을 듣자 노하여 제자들에게 말했다.

"증자가 오거든 들어오지 못하도록 해라."

증자는 자기가 잘못이 없다고 생각되어서 사람을 시켜 공자에게 그 까닭을 여쭈었다. 공자는 말했다.

"너는 듣지 못했느냐? 옛날 순임금이 그의 아버지를 섬길 때 작은 회초리를 들면 기다렸다가 맞고 큰 몽둥이를 들면 도망쳐 달아났다. 그래서 아비가 아비답지 못한 죄를 범하지 않도록 했다. 따

라서 순임금은 순종하는 효도를 잃지 않았던 것이다. 그런데 너는
아비를 섬기는 데 몸을 맡겨 크게 화냄을 기다려 죽어도 피하지 않
았으니, 만일 몸이 죽어 아비를 불의에 빠뜨리게 했다면 이보다 더
한 불효가 어디 있겠느냐? 너는 천자의 백성이 아니냐. 천자의 백
성을 죽이면 그 죄가 어떻게 되겠느냐?"

　증자는 그제야 죄가 큰 줄을 알고 공자에게 사과했다.

초상난 집 개 같다

가어곤서 (家語困誓)

공자가 정鄭나라에 갔을 때, 제자들과 서로 어긋나서 홀로 동문 밖에 서 있었다. 그때 어떤 사람이 자공에게 말했다.

"동문 밖에 한 사람이 서 있는데 키는 아홉 자 여섯 치나 되고, 눈은 냇물과 같았으며, 이마는 높았다. 그의 머리는 요임금과 같았고 그의 목은 고요皐陶[1]와 같았고 어깨는 자산子產[2]과 같았다. 그리고 허리부터 아래까지는 우임금보다 세 치가 짧았는데, 어찌할 바를 모르고 우두커니 서 있는 모습이 마치 초상 난 집 개 같았다."

자공이 그대로 공자에게 고하자, 공자는 매우 탄식하며 말했다.

"생긴 모양은 그렇지 못하지만, 초상난 집 개 같다는 말은 맞는 말이다."

---

[1] 순(舜) 임금의 신하. 법리(法理)에 통달하여 법을 세워 형벌을 제정하고, 또 감옥을 만들었다고 함.
[2] 춘추시대 법가(法家)를 대변하는 사상가

정치는 범보다 무섭다

가어정론해(家語正論解)

공자가 제齊나라에 갔을 때, 태산 옆을 지나노라니 웬 부인이 들에서 슬피 울고 있었다.

"이것은 슬프면서도 한쪽으로는 걱정이 있는 것 같다."

막대를 가로 짚고 수레 위에서 귀를 기울이고 듣던 공자가 이렇게 말하며 자공을 시켜 물어보도록 했다.

자공이 묻자 부인은 이렇게 대답했다.

"시아버지가 범에게 죽었고, 남편이 또 범에게 죽었는데, 이번엔 내 자식까지 범에게 죽었습니다."

자공이 다시 물었다.

"그럼 왜 여기를 떠나지 않습니까?"

"여기까지 정치가 미치지 않아서요."

자공이 공자에게 보고하자, 공자는 제자들에게 이렇게 말했다.

"너희들 잘 알아두어라. 까다로운 정치는 범보다 무서운 것이다."

孟子篇

기원전 327년 추鄒 땅에서 태어난 맹자(이름은 軻, 자는 子車, 子輿)는
공자의 손자인 자사子思에게 입문했다. '인'사상을 다듬어 성선설을 주장
했으며 여러 나라를 주유하며 왕도정치의 꿈을 실현해보려 했지만 끝내
그 경륜을 펴보지 못한 채 만년에는 저술에 몰두했다. 〈맹자〉는 특히 사
서四書의 하나로 한학을 배우는 데 필독서이다.

의로운 일이 아닐 줄 알았으면

등문공 하(藤文公 下)

송宋나라의 대부인 대영지가 맹자에게 말했다.

"농민들의 현물세를 10분의 1로 줄여 받고, 관문에서나 시장에서 물품세를 받는 것을 지금 당장 그만두기는 어려운 일이니 지금은 조금만 세율을 가볍게 해두고, 명년쯤 가서 그만둘까 하는데 어떻겠습니까?"

맹자는 이렇게 대답했다.

"여기 한 사람이 날마다 그 이웃집 닭을 잡아먹고 있었는데, 어떤 사람이 '그건 군자의 도리가 아니다'라고 충고를 하자, 그 사람이 '그럼 수량을 줄여 한 달에 한 마리 정도로 하고, 명년쯤 가서 그만두겠네' 하는 것과 다를 것이 없지 않은가. 그것이 의로운 일이 아닌 줄 알았으면 빨리 그만둘 일이지 내년까지 기다릴 게 뭐란 말인가."

칼로 죽이는 것과 몽둥이로 죽이는 것
양혜왕 상(梁惠王 上)

양梁나라 혜왕이 맹자에게 정치에 대해 물었다. 그러자 맹자는 이렇게 말을 이끌어 나갔다.

"사람을 죽일 때, 몽둥이로 죽이는 것과 칼로 죽이는 것이 다를 것이 있습니까?"

"다를 것이 없습니다."

"그럼 칼로 죽이는 것과 정치를 잘못하여 죽이는 것과 다를 것이 있습니까?"

"다를 것이 없습니다."

"지금 창고에는 살찐 고기가 있고 마구간에는 살찐 말이 있는데 들판에는 굶주려 죽은 시체가 있으니, 이것은 짐승을 거느리고 사람을 잡아먹는 것이나 다를 것이 없습니다. 짐승들이 저희끼리 잡아먹는 것도 사람들이 싫어하는데, 정치를 잘한다면서 짐승을 거느리고 사람을 잡아먹고 있다면 어떻게 백성의 부모라 할 수 있겠습니까?"

백성을 낚는 그물

양혜왕 상(梁惠王 上)

제齊나라 선왕宣王이 맹자와 오랜 이야기를 나눈 끝에 가르침을 청했다.

"선생님께서 내 뜻을 아셨으니 어떻게 정치를 해야 하는지 가르쳐주십시오. 비록 능한 것은 없지만 한번 잘 해보도록 하겠습니다."

맹자는 이렇게 말했다.

"일정한 살림이 없어도 마음을 일정하게 갖는 것은 선비만이 가능한 것으로, 일반 백성들은 일정한 살림이 없으면 마음이 그로 인해 안정하지 못하게 됩니다. 마음의 안정을 잃게 되면 자연 못된 일을 하게 되는데, 그때 그들이 법에 어긋난 짓을 한다고 해서 벌을 주게 되면, 이것은 백성을 그물에 걸리도록 만들어 놓고 잡아 올리는 것과 다를 것이 없습니다. 어떻게 어진 임금이 왕으로 앉아 있으면서 백성을 그물질하는 짓을 할 수 있겠습니까."

참 대장부란?

등문공 하(騰文公 下)

경춘이라는 사람이 맹자에게 와서 공손연公孫淵[1]과 장의張儀[2]를 칭찬했다.

"공손연과 장의를 어찌 대장부라 아니 하겠습니까. 한번 성을 내면 제후들이 겁을 먹고, 그들이 가만히 있으면 온 천하가 조용해집니다."

맹자는 이렇게 반박했다.

"그들을 어찌 대장부라고 할 수 있겠는가. 자네는 예법을 배우지 않았나? 예법에 남자가 처음 어른이 되어 갓을 쓰게 되면 아버지가 아들에게 교훈을 주게 되고, 여자가 시집을 가게 되면 어머니가 딸에게 교훈을 주게 된다. 딸을 대문간에서 떠나보낼 때 어머니가 훈계하기를 '시집에 가면 반드시 시부모를 공경하여 받들고 내 몸을 조심하여 남편의 뜻을 거역하는 일이 없도록 하라'고 한다. 복종을 정당한 것으로 삼는 것은 첩실妾室의 도리이다."

"……."

"대장부는 드넓은 천하의 바른 자리에 서고, 천하의 큰 길을 걸어 뜻을 세우며 백성들과 함께 가면서 뜻을 인정받지 못하면 홀로 그 길을 걷는다. 부귀도 그의 마음을 어지럽게 하지 못하고 가난과 천대도 그의 지조를 바꿔놓지 못하며, 위력과 무력도 그의 의지를 꺾지 못하는 이런 사람을 가리켜 대장부라고 한다."

[1] 서기 3세기 요동지방의 세력가로 있다가 연나라 왕이 됨.
[2] 위나라 출신으로 합종연횡책(合從連衡策)의 대가

잔인한 임금

양혜왕 상(梁惠王 上)

    자기 집에서 기르고 있는 개와 돼지가 사람이 먹을 곡식을 먹고 있는 것은 금하려 하지도 않고, 길바닥에 굶주려 넘어진 사람이 있어도 창고의 쌀을 내다가 구할 생각조차 하지 않다가 사람이 죽은 다음, "나 때문이 아니라 흉년 때문이다."라고 말하는 임금은 사람을 찔러 죽게 만들어 놓고도 "나 때문이 아니라 칼 때문이다."라고 하는 것과 조금도 다를 것이 없다.

환경 따라 배운다

등문공 하(騰文公 下)

맹자가 송宋나라의 신하인 대불승에게 말했다.

"당신은 당신 임금이 착한 일 하기를 원하는가. 내가 당신에게 분명히 일러주리라. 여기에 초楚나라 대신 한 사람이 있는데, 그가 그 아들에게 제齊나라의 말을 가르치려 할 경우 제나라 사람을 스승으로 삼겠는가, 초나라 사람을 스승으로 삼겠는가?"

"그야 제나라 사람을 삼겠지요."

"제나라 사람이 말을 가르치고 초나라 사람이 배우게 되면 아무리 매를 때리며 가르쳐도 제나라 말을 배우기는 어려울 것이다. 그러나 그 아이를 제나라의 장악과 같은 번화한 도시에 몇 년간 있게 하면, 날마다 매를 때리며 초나라 말을 하라고 해도 되지 않을 것이다. 지금 당신은 설거주薛居州를 좋은 선비라고 해서 임금을 모시게 했는데 임금 옆에 있는 사람이 어른이나 아이나 높은 이나 낮은 이나 모두 설거주 같은 사람이 아니라면, 왕이 누구와 같이 착한 일을 하겠는가. 설거주 한 사람으로서 송나라 왕을 어떻게 하겠는가?"

오십보백보

양혜왕 상(梁惠王 上)

"나는 백성들을 위해 성의를 다하고 있습니다. 하내지방에 흉년이 들면 그곳 백성을 하동으로 옮기는 한편, 하동의 곡식을 하내로 옮기고, 또 하동이 흉년이 들면 역시 같은 일을 하고 있습니다. 그런데 다른 나라는 나처럼 그렇게까지 안하는데도 여전히 백성의 수가 줄지 않고, 우리나라는 백성의 수가 늘지 않는 것은 무엇 때문입니까?"

양梁나라 혜왕이 맹자에게 묻자, 맹자는 이렇게 말했다.

"왕께서 전쟁을 좋아하시니 전쟁을 비유로 들겠습니다. 둥둥 북을 울리며 칼날을 맞부딪쳐 싸우게 되면 갑옷을 벗어던지고 무기를 끌며 달아나는 군사가 생깁니다. 그때 어떤 사람은 100보쯤 달아나서 걸음을 멈추고, 어떤 사람은 50보쯤 가서 멈추게 되었는데, 50보쯤 달아난 사람이 100보쯤 달아난 사람을 보고 비웃었다면 어떻겠습니까?"

"그건 있을 수 없지요. 100보나 50보나 달아난 건 마찬가지니까."

"그것을 아신다면 왕께서도 전쟁을 좋아하시면서 내 나라 백성이 이웃 나라 백성보다 많기를 바라지 않으셔야 하지 않겠습니까?"

함정을 함정에 빠뜨리다

양혜왕 하(梁惠王 下)

제齊나라 선왕이 맹자에게 물었다.

"옛날 주문왕은 사방 70리나 되는 유원지를 가지고 있었다는데 사실입니까?"

"기록에 나와 있습니다."

"그렇게 컸습니까?"

"그래도 백성들은 작다고 했습니다."

맹자는 왕의 다음 질문을 유도하기 위해 그렇게 대답한 것이다. "과인의 유원지는 사방이 40리밖에 안 되는데도 백성들은 오히려 너무 크다고 하니 무슨 이유인지 모르겠습니다."

그러자 맹자는 이렇게 대답했다.

"주문왕의 유원지 사방 70리에는 풀을 베고 나무를 하는 사람들이 마음대로 드나들고, 꿩을 잡고 토끼를 잡는 사람들도 자유롭게 드나들었습니다. 이렇게 백성들이 함께 이용할 수 있었으니 작다고 말하는 것이 당연하지 않습니까?"

"……."

"신이 처음 국경을 넘어 들어올 때, 제나라 국법에서 크게 금지하고 있는 것이 무엇인지를 물은 다음에야 들어왔습니다. 그때 신이 듣기를, 교외 관문 안에는 사방 40리의 유원지가 있는데, 그 안에서 짐승을 죽이는 사람은 살인죄와 똑같은 형을 받는다고 들었습니다. 이것은 사방 40리나 되는 넓은 땅에 백성들을 잡기 위한 함정을 만들어둔 것이나 다를 게 없으니 백성들이 크다고 말하는 게 당연하지 않습니까?"

호색(好色)은 병이 아니다

양혜왕 하(梁惠王 下)

제齊나라 선왕이 맹자와 정치 이야기를 나누다 감탄을 했다.

"선생님이 하신 말씀은 참으로 훌륭합니다."

"훌륭하다고 생각하시면서 왜 실천하시지 않습니까?"

"과인은 병이 있으니, 재물을 좋아합니다."

"옛날 주周나라의 공유는 재물을 좋아했습니다. 그러나 주나라도 공유로 인해 강대해졌습니다. 임금께서 재물을 좋아하신다면 그것을 백성들과 함께 좋아하십시오. 그럼 통일천하는 문제가 되지 않습니다."

"과인은 또 병이 있으니, 색色을 좋아합니다."

"호색은 병이 아닙니다. 옛날 주나라 태왕太王도 호색하시어 그의 왕비들을 사랑했습니다. 그 당시 안으로는 시집을 못가서 애타하는 여자가 없었고, 밖으로는 아내 없이 홀로 사는 남자가 없었으니, 임금께서 만일 호색을 하신다면 백성들도 함께 남녀의 낙을 갖도록 하십시오. 그러면 통일천하 문제없을 것입니다."

나라를 다스리는 도(道)

양혜왕 하(梁惠王 下)

맹자가 제齊나라 선왕에게 말했다.

"왕께서는 집을 지으실 때 반드시 도편수를 시켜 큰 나무를 구해오라고 하십니다. 도편수가 큰 나무를 구해오면, 왕은 기뻐하시며 소임을 충분히 다했다고 칭찬하십니다. 그것을 목수들이 잘못 깎아서 작게 만들어버리면 왕은 노하시며 자기소임을 다하지 못했다고 하십니다. 사람들이 어렸을 때 열심히 배우는 것은 커서 그것을 실행해보겠다는 욕망이 있기 때문입니다. 그런데 왕께서 '너희들이 배운 것은 그냥 버려두고 내가 하라는 대로만 따라서 하라'고 하신다면 어찌 되겠습니까?"

"......"

"여기 박옥이 있다면, 그것이 그렇게 크지 않더라도 왕은 반드시 옥공을 시켜 깨어 다듬게 하실 겁니다. 그런데 나라를 다스리는 데 있어서도 '네가 배운 건 그냥 버려두고 나를 따르라'고 하시니, 어찌 옥공을 시켜 옥을 다듬게 하는 것과 다를 게 있겠습니까?"

천하의 공통 원리

등문공 상(縢文公 上)

맹자를 존경하여 스승으로 알던 등나라 태자가 임금이 되니 그가 곧 등나라 문공이다.

문공은 임금이 되자, 맹자가 이상적이라고 여기던 정전법井田法[1]을 실시해서 토지를 농민들에게 골고루 나눠주는 토지 개혁을 단행했다.

당시 초楚나라에 신농씨를 숭상하는 허행許行[2]이란 사람이 있었는데, 그는 문공의 토지 개혁의 소식을 듣자 초나라에서 등나라로 제자들을 거느리고 와서 살았다.

허행의 제자 수십 명 중에는 당시 초나라의 유명한 학자인 진양陳良의 제자, 진상陳相도 있었다.

진상은 맹자를 찾아와서 허행의 주의와 사상을 설명하고는 이렇게 말했다.

"등나라 임금은 참으로 훌륭한 임금입니다. 그러나 아직 도道를 알지 못합니다. 어진 임금은 백성들과 같이 밭갈이를 하고 같이 밥을 지어먹는 법인데, 지금 등나라에는 창름과 부고府庫[3]들이 있습니다. 이는 곧 백성들을 착취하여 자기만 편하게 지내는 것이니 어찌 어질다고 할 수 있겠습니까?"

맹자는 진상에게 물었다.

"허자許子가 곡식을 심어 반드시 그걸 먹는가?"

"그렇습니다."

"허자는 반드시 베를 짜서 그걸로 옷을 해 입는가?"

"아닙니다. 허자는 털옷을 입습니다."

"허자는 갓을 쓰는가?"

"씁니다."

"무슨 갓을 쓰는가?"

"흰 명주 갓을 씁니다."

"자기가 짜서 쓰는가?"

"아니오. 곡식과 바꿉니다."

"허자는 왜 손수 베를 짜지 않는가?"

"밭갈이에 방해가 되기 때문입니다."

"허자는 솥에다 밥을 짓고, 쇠로 된 연장으로 밭갈이를 하는가?"

"그렇습니다."

"손수 만드는가?"

"아닙니다. 곡식을 주고 바꿉니다."

"곡식으로 기계를 바꾸는 사람은 대장장이를 해치려 하지 않는다. 대장장이도 그가 만든 기계로 곡식을 바꾸므로 농부를 싫어할

리 없다. 그런데 허자는 어째서 집안에다 대장간을 차리지 않고 분주히 백공百工[4]들과 교역을 하는가?"

"백공의 일이란 밭갈이를 하며 동시에 할 수는 없는 일입니다."

"그럼 혼자서 천하를 다스리는 일은 밭갈이를 하며 할 수 있겠는가? 세상에 큰 사람이 할 일이 있고, 작은 사람들이 할 일이 있다. 설사 한 사람이 백공의 하는 일을 다 할 수 있다 하더라도, 만일 그 것을 반드시 몸소 만들어 쓰기로 말한다면, 이것은 온 천하 사람들을 거느리고 길거리를 분주히 왔다 갔다 하며 만드는 결과가 된다. 그러므로 옛말에 이르기를 '혹은 마음을 쓰고 혹은 힘을 쓴다'고 했다. 마음을 쓰는 사람은 사람을 지도하고, 힘을 쓰는 사람은 사람의 지도를 받게 된다. 사람의 지도를 받는 사람은 사람을 먹여주게 되고 사람을 지도하는 사람은 사람에게 얻어먹게 되어 있는 것이 천하의 공통 원리이다."

진상은 다시 화제를 바꾸었다.

"허자의 주의대로 하게 되면, 시장의 물건 값이 똑같기 때문에 온 나라 안이 거짓이 없게 됩니다. 비록 오척 동자를 시장에 보낸다 해도 속일 사람이 없습니다. 베나 비단의 길이가 같으면 값이 같고, 각종 실이나 솜의 무게가 같으면 그 값이 같으며, 각종 곡식이 그 분량이 같으면 값도 같고, 신도 크기가 같으면 값이 같습니다."

"대개 물건이란 서로가 같지 않은 게 사실이다. 그래서 두 배, 네 배로 차이가 생기고 또는 열 배, 백 배로 차이가 생기며 천 배, 만 배의 차이가 생길 수도 있다. 그런데 허자가 그것을 똑같이 보고 같은 값으로 한다면 이것은 천하를 혼란시키게 만드는 것이다. 거칠게 만든 신이나 곱게 만든 신을 크기만으로 값을 정한다면 어느 누가 곱게 만들 사람이 있겠는가? 허자의 주의를 따르면 모두 좋지 못한 물건만을 만들고 그것을 일삼게 될 것이니, 그러고야 어떻게 능히 나라를 다스릴 수 있겠는가?"

[1] 중국 최초의 토지제도로 주나라 때 실시되었다고 전한다. 정방형의 토지를 우물 정 (井)자형(1정＝900무)으로 9등분하여 8가구가 제각기 사전(私田)으로 경작하고, 중앙의 토지 100무는 공전(公田)으로 경작하여 그 수확물은 모두 세금으로 나라에 바치는 제도
[2] 사회사상가로서 저명했던 대표적인 농가의 인물
[3] 창고와 거기에 쌓아둔 곡식
[4] 온갖 종류의 장인(匠人)

정치를 잘 못하는 왕이 있다면?

양혜왕 하(梁惠王 下)

맹자가 제齊나라 선왕에게 말했다.

"처자를 친구에게 부탁해두고 초楚나라로 놀러 간 사람이 있었는데, 그가 돌아와 보니 처자들이 굶주려 있었습니다. 그 친구를 어떻게 하겠습니까?"

"절교를 해야겠지요."

"여기 법관이 한 사람 있는데, 자기의 부하들을 제대로 통솔하지 못한다면 어떻게 하시겠습니까?"

"파면을 시켜야지요."

"온 나라가 제대로 다스려지지 못하고 있다면 어떻게 하시겠습니까?"

그러자 선왕은 말이 막혀 좌우를 돌아보고 엉뚱한 이야기만 했다.

네게서 나온 것이 네게로 되돌아간다

양혜왕 하(梁惠王 下)

추鄒나라가 노魯나라와 충돌한 일이 있었다. 추나라 목공이 맹자에게 물었다.

"이번 싸움에서 관원들은 33명이나 전사했는데, 백성들은 한 사람도 죽지 않았으니 어떻게 하면 좋겠소. 벌을 주자니 수가 너무 많고, 내버려두자니 앞으로도 상관이 죽는 것을 보고만 있을 테고……."

맹자는 이렇게 대답했다.

"흉년이 들었을 때, 늙은이와 어린 것들은 산골짜기를 헤매고, 장정들은 먹을 것을 찾아 사방으로 흩어져도 임금의 곡식 창고는 그대로 꽉꽉 차 있다면 이것은 관원들이 임금께 사실을 보고하지 않아서이니 곧 윗사람이 게을러서 아랫사람을 해치게 된 것입니다. 증자가 말하기를 '조심하고 조심하라. 네게서 나온 것이 네게로 되돌아가느니라' 했습니다. 대개 백성들은 그제야 마음을 돌리게 됩니다. 임금께선 그들을 허물하지 마십시오. 임금께서 어진 정치를 하시면 백성들은 곧 윗사람을 아끼게 되고, 그 상관을 위해 죽게 될 것입니다."

천하를 손으로 건지려고 하는가?

이루 상(離婁 上)

순우곤이란 제齊나라의 유명한 변사가 맹자를 시험하려 했다.

"남자와 여자가 직접 주고받지 않는 것이 예禮인가?"

"그렇다."

"그런데 그의 형수가 물에 빠졌을 때는 시동생이 손을 잡아끌어 올릴 수 있지 않겠는가?"

"형수가 물에 빠진 것을 보고도 내버려둔다면 이것은 승냥이나 다를 게 없다. 남녀가 직접 주고받지 않는 것은 예법이고, 형수가 물에 빠졌을 때 건지는 것은 권도權道라는 것이다."

"지금 천하가 온통 물에 빠져 있는데, 선생께서 나와 건지려 하지 않는 것은 어째서인가?"

"천하가 빠진 것은 도道로써 건지고, 형수가 빠진 것은 손으로 건진다. 당신은 손으로 천하를 건지려고 하는가?"

군자의 교육

이루 상(離婁上)

공손추公孫丑[1]가 맹자에게 물었다.

"군자가 자기 자식을 가르치지 않는 것은 무엇 때문입니까?"

"형편상 어렵기 때문이다. 가르치는 사람은 반드시 올바른 것을 들어 가르치게 된다. 올바른 일을 가르쳐도 행하지 못하면 계속 화를 내게 된다. 계속 화를 내면 도리어 정의를 해치게 된다. 속으로, '아버지는 내게 올바른 일을 하라고 하지만, 아버지도 반드시 바르게 하지만은 않더라' 하게 되면 이는 부자간의 의를 상하게 되는 것이니 그 결과가 나쁘게 된다. 그래서 옛날에는 자식들을 서로 바꿔서 가르쳤다 한다. 부자간에는 잘못을 책하지 않는다. 잘못을 책하면 사이가 멀어지게 된다. 부자간에 사이가 멀어지는 것보다 더 불행한 일은 없다."

---

[1] 만장(萬章)과 더불어 맹자의 뛰어난 제자

속이는 자와 속는 자

만장 상(萬章上)

옛날 정鄭나라의 자산子産에게 산 물고기를 선물로 가지고 온 사람이 있었다. 자산은 그것을 고기를 기르는 임무를 맡고 있는 사람에게 명하여 못에 넣어주도록 시켰다. 그런데 그자는 그 고기를 가져가서 삶아 먹어버리고 자산에게는 꼬리를 흔들며 물속 깊숙이 들어가 버렸다고 말했다. 자산은 그 말을 듣자 기뻐했다.

"물고기도 제 곳을 찾은 셈이로구나, 제 곳을 찾은 셈이야."

그런데 속으로 자산을 비웃으며 물러나온 그는 사람들에게 이렇게 말했다.

"자산을 지혜 있는 사람이라고 누가 말했지? 내가 고기를 먹어 버렸는데도 '제 살 곳을 찾았다, 제 살 곳을 찾았다.' 하지 뭐야."

이 이야기처럼, 군자도 도리에 맞도록 이야기를 하면 속을 수가 있다. 그러나 도리에 벗어난 일로 군자를 속이려 하면 그것만은 되지 않는다.

귀척(貴戚)의 경, 이성(異姓)의 경

만장 하(萬章 下)

제齊나라 선왕이 경卿에 관해 묻자, "어느 경을 물으십니까?" 하고 맹자가 다시 물었다.

"경에 차별이 있습니까?"

"차별이 있습니다. 임금의 인척인 귀척貴戚의 경이 있고, 이성異姓의 경이 있습니다."

"귀척의 경에 대해 듣고 싶습니다."

"임금이 크게 잘못하는 일이 있으면 간諫하고, 여러 번 간해도 듣지 않으면 임금을 바꿔 버립니다."

왕은 발끈하여 얼굴빛이 싹 변하자, 맹자는 말했다.

"왕께서 물으시니 신은 감히 바른 대로 대답할 수밖에 없습니다."

왕은 노여움을 가라앉힌 후 다시 물었다.

"청컨대 이성의 경에 대해 듣고 싶습니다."

"임금이 잘못이 있으면 간하고, 여러 번 간해도 듣지 않으면 떠나갑니다."

맹자의 성선설
고자 상(告子 上)

"사람의 품성은 소용돌이치는 물과 같다. 동쪽으로 터놓으면 동쪽으로 흐르고, 서쪽으로 터놓으면 서쪽으로 흐른다. 사람의 성품에 선과 악의 구분이 없는 것은 물에 동과 서가 없는 것과 같다."

고자告子[1]가 맹자에게 이렇게 말하자, 맹자가 말했다.

"물의 성질에 동서는 없지만 위아래도 없는가? 사람의 성품이 착한 것은 물이 아래로 가는 것과 같다. 사람은 착하지 않은 사람이 없고, 물은 아래로 내려가지 않는 것이 없다. 물을 쳐서 튀게 하면 이마 위로 지나가게도 할 수 있고, 막아서 올리면 산에도 있게 할 수 있다. 그러나 그것이 어찌 물의 성질일 수 있겠는가. 그 형세가 그렇게 만든 것이다. 사람이 착하지 못한 일을 하는 것도 그 성질이 또한 이와 같다."

[1] 중국 전국시대 제나라의 사상가. 맹자와 같은 시대의 사람이다. 인성에 관하여 맹자와 논쟁을 벌여, '사람의 본성은 본래 선도 아니고 악도 아니며, 다만 교육하기 나름으로 그 어느 것으로도 될 수 있다'고 주장함.

무거운 것과 가벼운 것

고자 하(告子 下)

임任나라 사람이 맹자의 제자인 옥려자屋廬子에게 물었다.

"예禮와 먹는 것과는 어느 것이 더 중한가?"

"예가 더 중하다."

"색色과 예는 어느 것이 중한가?"

"예가 중하다."

"예를 지키다보면 굶어 죽게 되고, 예를 무시하면 배불리 먹을
수 있는데도 예를 지켜야 하는가? 예를 갖추어 장가를 가려면 아내
를 얻을 수 없고, 예를 갖추지 않으면 아내를 얻을 수 있다면 그래
도 반드시 예를 지켜야만 하는가?"

옥려자는 대답을 하지 못했다.

그래서 이튿날 옥려자는 맹자가 있는 추鄒나라로 가서 맹자에게
물었다. 그러자 맹자는 이렇게 말했다.

"그걸 대답하는 데 무엇이 어려울 게 있겠는가. 그것이 놓여 있
는 밑바탕의 높고 낮음을 생각하지 않고, 단지 그 끝만 가지고 서

로 비교한다면, 그 두께가 한 치밖에 안 되는 나무토막도 그것을 높은 곳에 올려놓는다면 높은 누각의 뾰족한 꼭대기보다 더 높게 할 수 있다. 쇠는 깃털보다 무겁다고 말할 때 그 말이 어찌 혁대 고리 하나의 쇠가 한 차에 가득 실은 깃털보다 더 무겁다는 뜻이겠느냐? 먹는 일의 중요한 측면과 예절의 사소한 측면을 서로 비교한다면 어찌 먹는 일이 더 중요하다고 하지 않을 수 있겠느냐. 또 아내를 얻는 일과 예절의 사소한 측면을 서로 비교한다면, 어찌 아내를 얻는 일이 더 중요하다고 하지 않을 수 있겠느냐. 가서 이렇게 말해라. 형의 팔을 비틀어 빼앗아 먹으면 먹을 수 있고, 팔을 비틀지 않으면 먹을 수 없을 때 역시 팔을 비틀 작정인가? 이웃집 담을 넘어 그 집 처녀를 납치해오면 아내를 얻을 수 있고, 그러지 못해서 아내를 얻지 못한다고 해도 역시 그 집 처녀를 납치하겠는가?"

귀인(貴人)의 자격

진심 하(盡心 下)

맹자는 말했다.

"부귀한 사람을 대할 때는 그의 세도와 지위가 혁혁한 것은 보지 말아야 한다. 집이 커서 몇 리나 되고, 서까래의 굵기가 몇 자가 된다 해도 그런 것은 내가 뜻을 얻은 뒤에도 원치 않는 것이요, 먹는 음식이 사방 열 자로 상이 그득하고 옆에 모시고 있는 첩이 수백 명이 된다 해도 그런 건 내가 뜻을 얻은 뒤라도 원치 않는 것이며, 마음껏 즐기고 술을 마시며 말과 수레를 달려 산과 들로 사냥을 할 때 뒤따르는 수레가 천 대나 된다 해도 나로서는 뜻을 얻은 후에도 원치 않는다. 이렇게 그들이 가지고 있는 것은 내가 원치 않는 것이며, 내가 가지고 있는 것은 모두가 성인의 가르침에 따른 것이다. 내가 어찌 그들을 두려워하겠는가."

군자와 소인
이루 하(離婁 下)

제齊나라 대신 공행자公行子가 아들의 초상을 당하게 되었다. 그때 왕세자의 교육을 맡은 우사右師 벼슬의 왕환王驩이라는 사람이 문상을 왔다. 왕환은 왕의 충신으로 세도가 당당한 사람이었다.

그가 들어서자, 그에게 달려가 인사를 하는 사람이 있는가 하면, 그가 앉은 자리로 가서 이야기를 나누는 사람도 있었다.

맹자는 왕환을 소인이라 하여 멀리하고 있었으므로 그와 더불어 이야기하는 일이 없었다. 그러자 전부터 맹자를 좋아하지 않던 왕환은 모욕을 당하는 기분이었던지 불평을 늘어놓았다.

"모든 군자들이 다 이 왕환과 더불어 말을 하는데, 맹자만 홀로 말을 하지 않으니 이것은 나를 업신여기기 때문이다."

맹자는 그 말에 이렇게 대답했다.

"조정에서는 자기 자리를 떠나서 남과 이야기하지 않는 것이 예禮이고, 뜰을 넘어가서 서로 읍揖하지 않는다 한다. 나는 예를 행하고자 한 것인데, 내게 자기를 업신여긴다 하니 이상하지 않은가."

부귀를 찾아 돌아다니는 사람치고

이루 하(離婁 下)

제齊나라에 아내와 첩을 거느리고 매일같이 놀고 있는 사람이 있었다. 그런데 나가기만 하면 반드시 술과 고기를 배불리 얻어먹고 돌아왔다. 그래서 아내가 물어봤다.

"오늘은 누구네 집에서 그렇게 잘 자시고 오셨습니까?"

그가 말하는 집은 모두가 유명한 사람들의 집이었다. 이상한 생각이 들어 아내는 첩에게 말했다.

"서방님께선 나가기만 하면 반드시 음식 대접을 받고 돌아오시는데, 누구 집에서 대접을 받았느냐고 물으면 전부가 유명한 집들이네. 그런데 그 훌륭한 분들이 한 번도 우리 집을 찾아오는 일이 없으니 그것이 아무래도 이상하지 않은가. 그러니 오늘은 내가 마음먹고 서방님의 뒤를 한번 밟아봐야만 하겠네."

아내는 아침 일찍 남편의 뒤를 멀리서 따라가게 되었다. 그런데 시내 거리를 이리저리 헤매고 돌아다녔으나 한 사람도 만나서 이야기하는 사람이 없었다. 마침내는 동문 밖 무덤이 많은 들판으로 가더니, 무덤 앞에서 제사 지내는 사람을 찾아가 먹고 남은 제사 음식을 얻어먹었다. 그리고 한 곳에서 배가 차지 않자, 다시 다른 곳으로 찾아갔다. 이것이 바로 날마다 술과 고기를 배불리 먹는 방법이었다.

아내는 돌아와 첩에게 사실 이야기를 했다.

"남편이란 평생을 의지하고 우러러보며 사는 존재인데, 그런 꼴을 하고 다니니 이를 어쩌면 좋단 말인가?"

아내는 첩과 함께 남편을 원망하며 마당 한가운데서 엉엉 울고 있었다. 그런데 남편이란 자는 그런 내용도 모르고 거드름을 피우며 밖으로부터 들어와 울고 있는 아내와 첩에게 호통을 쳤다.

군자의 입장에서 본다면, 세상에서 부귀와 이득을 찾아 애쓰며 돌아다니는 사람치고, 그의 아내나 첩이 그 뒤를 밟고 와서 부끄러워 서로 마주 잡고 울지 않을 사람이 별로 없다.

墨子篇

기원전 479년경 태어났으며 공자와 동시대의 인물로 추론된다. 춘추
전국시대에 유가儒家와 쌍벽을 이루었던 묵가墨家의 창시자이다. 총 15
권 53편으로, 그가 주장하는 겸애사상이 잘 나타나 있는 〈묵자〉는 묵자와
그 후학들의 저작을 한데 묶은 것이다.

겸애(兼愛)와 별애(別愛)

겸애(兼愛)

어진 사람이 해야 할 일이라면 반드시 '천하의 이利'를 일으키고 '천하의 해害'를 제거하는 데 힘쓰는 것이다.

'천하의 해' 가운데 가장 큰 것은 어떤 것들인가. 큰 나라가 작은 나라를 공격하는 것, 큰 집안이 작은 집안을 못살게 구는 것, 강자가 약자를 괴롭히는 것, 많은 수의 사람이 적은 수의 사람을 업신여기는 것, 약삭빠른 양반들이 순진한 백성들을 알겨먹는 것, 귀족이 평민을 멸시하는 것 등이 모두 천하의 해가 되는 것이다.

또 임금이 횡포한 것, 신하가 불충한 것, 어버이가 정답지 못한 것, 자식이 불효하는 것도 역시 천하의 해가 된다. 이밖에 또 무기를 손에 들고 독약을 사용하며, 물과 불로 공격하며 수단과 방법을 가리지 않고 서로 살육하는 것이 다 천하의 해다. 이런 무수한 해들이 어디서부터 생겨나는 것일까.

그것은 우리가 남을 사랑하고, 이롭게 하기 위해 생기는 것일까. 물론 그런 것은 아니다. 남을 미워하고 남에게 이롭지 못한 것을 주기 위해 생기는 것이다.

　남을 미워하고 남에게 해를 주는 행위, 그것은 사람은 똑같이 대해야 한다는 견해인 겸애兼愛에서 나오는 것일까. 아니면 사람은 차별을 두어야 한다는 견해인 별애別愛에서 나오는 것일까? 말할 것도 없이 별애에서 나오는 것이다. 그리고 보면, 이 별애야말로 천하의 해를 가져오는 근원인 것이다. 별애를 반대하는 이유가 여기에 있다.

꾸짖는 이유

경주(耕柱)

묵자가 제자인 경주자耕柱子에게 자꾸만 야단을 치자, 경주자가 불평을 했다.

"제게는 다른 사람보다 취할 점이 없다는 말씀이옵니까?"

묵자는 이렇게 말했다.

"내가 앞으로 태행산太行山을 오를 때, 마차와 우차牛車를 준비하면 너는 어느 쪽을 택하겠느냐?"

"마차 쪽이옵니다."

"왜 마차를 택한다는 것이냐?"

"말은 채찍질을 더하면 그만큼 빨리 달리기 때문입니다."

"나도 너를 꾸짖으면 그만큼 보람이 있을 것으로 알기 때문이다."

주인이 보거나 말거나

경주(耕柱)

무마자巫馬子라는 유학자가 묵자에게 말했다.

"당신이 아무리 바른 일을 행하려 해도 누구 한 사람 따르는 사람이 없고, 신神도 당신을 도우려고 하지 않소. 그런데 그것을 남이 알아줄 줄로 알고 있다면, 그건 미치광이나 하는 짓이 아니겠소."

그러자 묵자가 말했다.

"지금 당신에게 두 하인이 있는데, 한 사람은 당신의 얼굴이 보일 때만 일을 하는 척하고, 다른 한 사람은 주인이야 보거나 말거나 할 일만 하고 있다면, 당신은 어느 쪽을 더 소중히 여기겠소?"

"그야 주인이 보든 말든 열심히 일하는 쪽이지요."

"그렇다면 역시 당신도 미치광이를 소중하게 여기는 것 아니오?"

큰 나라가 작은 나라를 공격하는 것은?
경주(耕柱)

묵자가 노양魯陽의 문군文君[1]에게 말했다.

"큰 나라가 작은 나라를 공격하는 것은 아이들이 말 흉내를 내며 노는 것과 같은 것입니다. 아이들이 말 흉내를 내며 놀게 되면 다리에 힘이 빠집니다. 그런데 큰 나라가 작은 나라를 치게 되면 공격을 당하는 쪽에서는 농부들이 농사를 지을 수 없고, 여자들은 베를 짤 수 없이 날이면 날마다 나라를 지키기에 바쁩니다. 공격하는 쪽 역시 농부는 농사를 지을 수 없고, 여자들은 베를 짤 수 없습니다. 그러므로 큰 나라가 작은 나라를 치는 것은 아이들이 말 흉내를 내며 노는 것과 같은 것입니다."

[1] 초나라의 왕족

한 사람뿐이더라도

귀의(貴義)

묵자가 노魯나라에서 제齊나라의 친지 집에 갔더니, 친지가 묵자에게 말했다.

"지금 세상에는 정의를 실천하려는 사람이 없는데, 당신만이 혼자 애를 쓰며 그것을 실행하려 하고 있소. 그런 짓은 그만두는 것이 좋을 것 같은데……."

그러자 묵자는 이렇게 대답했다.

"만일 여기 열 명의 아들을 둔 사람이 있는데 그중 하나만이 농사일을 하고 나머지 아홉은 놀기만 한다면, 일하는 사람은 더욱 뼈빠지게 일을 해야만 할 것이다. 왜냐하면 먹는 사람은 많고 일하는 사람은 적으니까. 그런데 세상에 정의를 행하려는 사람이 없기로 말하면, 당신은 내게 그것을 실행하라고 격려해야 마땅할 텐데 어찌 그만두라고 한단 말인가?"

세상에 알려야 할 것과 말아야 할 것
공맹(公孟)

유학자인 공맹자公孟子가 묵자에게 말했다.

"참으로 착한 일을 행하게 된다면, 누구나가 그것을 알게 되는 겁니다. 예를 들어, 뛰어난 무당이라면 집에 들어앉아 밖에 나가지 않더라도 많은 치성미致誠米가 들어오게 될 것이고, 또 미녀라면 집에 있고 밖에 나가지 않더라도 사람들은 다투어 청혼을 하게 될 것입니다. 밖에 나가 직접 자랑을 하며 쏘다니게 되면 도리어 데려갈 사람이 없게 됩니다. 그런데 당신은 사방으로 돌아다니며 도를 말하고 있으니 공연한 수고가 아니겠소?"

그러자 묵자는 이렇게 대답했다.

"어쨌든 지금은 세상이 어지러워 있소. 따라서 미녀를 찾는 사람은 얼마든지 있으니, 미녀는 밖에 나돌아 다니지 않아도 사람들이 다투어 그녀를 찾게 되겠지요. 그러나 착한 것을 찾는 사람은 적기 때문에 애써 사람들에게 설명하지 않으면 이것을 아는 사람이 없을 겁니다. 그리고 또 여기 두 사람의 점쟁이가 있어서 똑같이 점이 용하다고 한다면, 밖으로 돌아다니며 점을 쳐 주는 사람과 집에 있으면서 쳐 주는 사람과 어느 쪽이 더 수입이 많겠소?"

"그야 돌아다니는 사람 쪽이 많겠지요."

"마찬가지로 인의仁義를 말하더라도 밖에 나가 사람들에게 설명하게 되면 그 효과는 보다 낫고, 보다 많게 될 텐데 어떻게 밖에 나가 말하지 않을 수 있겠소?"

한번은 묵자를 찾아온 사람이 있었다. 묵자가 물었다.

"어째서 학문을 닦으려 하지 않는가?"

"저의 집안에는 학문을 하는 사람이 없어서입니다."

그가 대답하자 묵자는 이렇게 말했다.

"그것은 잘못이다. 예를 들어 미인을 좋아하는 일에 대해 '저희 집안에는 미인을 좋아하는 사람이 없기 때문에 나도 좋아하지 않는다'고 말할 수 있겠는가? 또 부귀를 원하는 점에 대해서 '우리 집안에는 부귀를 원하는 사람이 없기 때문에 나도 그것을 원치 않는다'고 말할 수 있겠는가? 결국 미인을 좋아하고 부귀를 원하는 마당에서는 남과 비교하는 일이 없이 기를 쓰고 나서게 될 것이 아닌가. 하물며 의리라는 것은 세상에서 가장 귀중한 것인데, 구태여 남과 비교할 필요 같은 건 없지 않겠는가. 무슨 일이 있더라도 열심히 학문을 닦지 않으면 안 되네."

책임은 누가 지나?

노문(魯問)

묵자가 제齊나라의 전화田和에게 말했다.

"여기 한 자루 칼로 사람의 목을 시험해보았더니, 단칼에 목이 댕강 떨어져 나갔습니다. 잘 드는 칼이라고 말할 수 있겠습니까?"

"말할 수 있지."

"그것으로 많은 사람의 목을 시험해보았더니 역시 싹싹 잘려나 갔습니다. 잘 드는 칼이라고 할 수 있겠지요?"

"그렇지."

"칼이 잘 드는 것만은 틀림이 없는데, 사람의 목을 벤 책임은 누 가 져야겠습니까?"

"그야 칼을 시험한 사람이 져야겠지."

"남의 나라를 병합하고, 남의 군사를 쳐서 이기고, 많은 백성들 을 죽이게 되었을 경우에는 누가 그 책임을 져야겠습니까?"

전화는 머리를 올렸다 내렸다 하며 생각하던 끝에 대답했다.

"내가 그 책임을 져야겠지."

도둑질이 따로 없다

경주(耕柱)

묵자가 노양의 문군에게 말했다.

"여기 가령 소와 양을 많이 기르고 있는 사람이 매일같이 쇠고기와 양고기 요리를 먹어서 배가 불러 다른 음식을 못 먹을 정도인데, 다른 사람이 떡을 만드는 것을 보면 두 눈을 반짝거리며 그것을 빼앗아 들고 '내게도 먹을 것을 다오' 한다고 합시다. 이것은 무엇이든지 눈에 띄는 것이면 갖고 싶어하는 것일까요, 아니면 강도질 같은 것일까요?"

"강도질 같은 것이겠지요."

"지금 초楚나라는 들판이 너무 넓어서 다 갈아먹지 못하는 형편이고, 사람이 살지 않는 땅만도 한없이 많습니다. 그런데도 송나라나 정나라의 빈 땅을 보면 두 눈을 반짝이며 이를 빼앗으려 하고 있으니 아까 한 이야기와 다를 것이 무엇이 있겠습니까?"

"다를 것이 없겠지."

내게 천하를 준다 해도

귀의(貴義)

묵자의 말이다.

"세상에 정의보다 귀한 것은 없다. 사람들에게 '네게 갓과 신을 주고, 그 대신 너의 손발을 끊으려는데 그래도 좋으냐?'고 물으면 좋다고 할 사람은 없을 것이다. 왜냐하면 갓과 신이 손발만큼 귀하지 못하기 때문이다. 또 '네게 천하를 주고 그 대신 너를 죽이려 하는데 생각이 어떠냐?'고 하면, 이것 역시 듣지 않을 것이 뻔하다. 왜냐하면 천하의 귀한 것이 내 몸 귀한 것을 따르지 못하기 때문이다. 그러나 단 한마디 시비是非로 서로 다투어 죽게 되는 것은 정의가 내 몸보다도 귀하기 때문이다. 그러므로 세상에 정의보다 더 귀한 것은 없다."

큰 도둑과 작은 도둑

노문(魯問)

묵자가 노양의 문군에게 말했다.

"속세의 군자는 모두 작은 것만 알고 큰 것을 모르는 무리들입니다. 지금 여기 한 사람이 한 마리의 개나 돼지를 훔치면 못된 짓이라고 하여 비난을 하지만, 한 나라나 고을을 도둑질하면 정의로운 행동이라고 합니다. 비유를 들어 말한다면, 약간 흰 것을 보면 희다고 말하고, 많이 흰 것을 보면 검다고 하는 것과 같습니다. 속세의 군자가 작은 것만 알고 큰 것을 모른다고 하는 것은 바로 이 점입니다."

식인국의 장남

노문(魯問)

노양의 문군이 묵자에게 말했다.

"초楚나라 남쪽에 사람을 잡아먹는 식인국이라는 것이 있다지 않겠소. 그 나라에서는 장남이 태어나면 죽여서 난도질을 해서 먹는데, 그것이 다음에 태어나는 자식을 위해 도움이 되는 것으로 믿고 있다는 거요. 게다가 먹어보고 맛이 좋으면 임금에게 그것을 보내주는데, 임금도 또한 기뻐하여 그 아비에게 상을 준다고 하니, 이 얼마나 잔인하고 나쁜 풍속이오."

그것을 듣자 묵자는 이렇게 말했다.

"중국 풍속도 마찬가지입니다. 그 아비를 죽게 만들어놓고 그 아들에게 상을 주는 것은, 그 자식을 먹은 그 아비에게 상을 주는 것과 다를 것이 없습니다. 만일 인의의 도를 행하지 못하고 있다면 어떻게 야만인들이 자기 자식을 잡아먹는 것을 비난할 수 있겠습니까?"

어느 쪽도 아니다

노문(魯問)

노魯나라 임금이 묵자에게 물었다.

"과인에게 자식이 둘 있는데, 하나는 학문을 좋아하고, 하나는 남에게 무엇을 나눠주기를 좋아하오. 이 중에 누구를 태자로 삼는 것이 좋겠소?"

그러자 묵자는 이렇게 대답했다.

"아직은 어느 쪽이 좋다고 말할 수 없습니다. 남에게 칭찬이 듣고 싶어서 착한 일을 하는 것은, 낚시꾼이 소리 없이 낚시를 물속에 드리우고 있는 것과 같은 것으로, 조용히 하고 있는 것은 고기를 낚기 위해서지, 고기에게 밥을 바치기 위해서가 아닙니다. 쥐에게 독한 벌레를 밥으로 주는 것은 쥐를 사랑해서가 아니라 그것을 죽이기 위해서입니다. 부디 임금께서도 아드님들의 마음가짐과 그 행동을 아울러 잘 살피시기 바랍니다."

살인과 도벽

공수(公輸)

최고의 무기 기술자인 공수반公輸盤이 초楚나라를 위해 구름사다리[雲梯]라는 성을 공격하는 새로운 무기를 만들었다. 그는 그것으로 송宋나라를 칠 계획이었다.

이 소문을 들은 묵자는 제齊나라에서 길을 떠나 열흘간의 낮과 밤을 계속 걸어 초나라 도읍인 영에 도착했다.

묵자가 공수반을 만나자, 공수반은 물었다.

"선생님께선 무슨 일로 찾아오셨는지요?"

"북쪽에 사는 어떤 놈이 나를 모욕했기에 당신의 힘을 빌려 그놈을 죽였으면 하고 왔습니다."

공수반은 얼굴을 찡그렸다. 묵자는 다시 말했다.

"내 십 금을 드리리다."

공수반은 대답했다.

"사람을 죽이는 일은 의리상 할 수 없습니다."

그러자 묵자는 일어나 두 번 절하고 나서 말했다.

"그럼 말씀드리겠습니다. 북쪽에서 들건대, 당신은 구름사다리를 만들어 장차 송나라를 치려 한다고 하는데, 대관절 송나라에 무슨 죄가 있다는 겁니까? 초나라는 땅이 남아돌고 사람은 모자라는 형편입니다. 모자라는 백성들을 죽여가며 필요 이상의 땅을 놓고 다투는 것은 지혜로운 일이라 할 수 없습니다. 그것을 알고 있으면서도 임금을 말리지 않는 것은 충성된 일이 못 됩니다. 임금을 말려 중지시키지 못한다면 강하다고 할 수 없습니다. 몇 사람 죽이는 것도 의롭지 않은 줄 알면서 많은 사람을 죽인다면 이것은 사리를 판단하지 못하는 일입니다."

"선생님의 말씀이 옳습니다."

"옳은 줄 알면 왜 중지하지 못합니까?"

"내가 이미 왕께 말씀을 올렸기 때문에 어쩔 수 없습니다."

"그럼 왕을 만나게 해주십시오."

"그러지요."

묵자는 왕에게 말했다.

"여기 한 사람이 좋은 수레를 가지고 있으면서 이웃집의 다 낡은 수레를 훔치려 합니다. 좋은 옷을 가지고 있으면서 옆집의 누더기 옷을 훔치려 합니다. 곡식과 고기가 있으면서도 옆집의 쌀겨와 비지를 훔치려 합니다. 이 사람을 왕은 어떻게 생각하십니까?"

"도둑질 하는 버릇이 있음에 틀림없습니다."

"지금 초나라의 영토는 사방 5천 리나 되지만, 송나라는 겨우 사방 500리밖에 안 됩니다. 이는 좋은 수레를 낡은 수레와 비교하는 것과도 같습니다. 초나라에는 운몽雲夢 벌에 코뿔소와 사슴이 가득하고, 장강長江과 한수漢水에는 고기가 얼마든지 있어서 그 풍부함을 천하에 자랑하고 있습니다. 그런데 송나라는 겨우 꿩이니 토끼니 붕어니 하는 흔해빠진 것마저 넉넉하지 못합니다. 이는 곧 쌀과 고기를 쌀겨와 비지에 비교하는 것과 같습니다. 또 초나라에는 소나무, 노나무, 장나무 등의 큰 나무들이 많은데 송나라에는 그런 큰 나무가 없습니다. 이것은 좋은 옷과 누더기를 비교하는 것과 같습니다. 그런데 지금 왕의 신하들이 송나라를 치려하고 있으니, 위에서 말한 강도질을 하는 사람과 무엇이 다를 게 있습니까? 왕께선 정의에 벗어나는 일을 하는 것뿐, 아무것도 얻는 것이 없습니다."

"과연 선생의 말이 맞소. 하지만 공수반이 벌써 과인을 위해 구름사다리까지 만들고 송나라를 기어코 치겠다 하니 어쩌겠소?"

이리하여 묵자는 공수반을 만나 공수반이 만든 새 무기를 상대로 혼자서 싸워 아홉 번을 막아내고도 여유를 보였다.

공수반은 묵자의 실력을 당해낼 수 없음을 시인하고는 이런 말을 남겼다.

"나는 당신을 이길 수 있는 방법을 알고 있소. 그러나 그것을 이야기할 수 없소."

그러자 묵자가 말했다.

"나도 당신의 그 방법이 무엇인지 알고 있소. 그러나 말은 하지 않겠소."

초나라 왕이 묵자에게 물었다.

"무슨 이야기들인지 알 수 없군요."

"공수반의 이야기인즉 나를 죽이면 된다는 것입니다. 그러나 그렇게 간단하지는 않습니다. 금활리金滑里를 비롯해 300명의 제자들이 벌써 내가 만든 방어 무기들을 가지고 송나라 성 위에서 초나라 군사를 대기하고 있으니 나를 죽인다 해도 소용없을 것입니다."

"알았소. 송나라를 치는 일은 그만두기로 하겠소."

그런데 돌아오는 길에 묵자는 송나라를 지나게 되었다. 도중에서 비를 만나 마을로 들어가 비를 피하려는데, 마을 문을 지키는 사람이 묵자를 들어오지 못하게 했다. 행색이 거지처럼 초라했기 때문이었다.

세상 사람들이란 자기의 공을 보란 듯이 떠들어 대면 공적을 알게 되지만, 남모르게 한 공적은 그 공적을 쉽게 알지 못한다.

공자(孔子)는 위선자

비유(非儒)

묵자는 주장한다.

공자는 진陳과 채蔡의 국경에서 오지도 가지도 못하고, 열흘 동안 명아주 국만을 마시며 곡식은 한 알도 입에 넣을 수가 없을 때가 있었다.

그때 자로子路[1]가 돼지고기를 삶아 올렸는데, 공자는 그가 어디서 어떻게 구해왔는지 묻지도 않고 먹었다.

또 자로가 강도질을 해서 그 돈으로 술을 사다 주었더니 그것을 어디서 어떻게 구해온 것인지도 묻지도 않고 마셨다.

그런데 그 후 노魯나라 애공哀公이 그를 맞이했을 때는 앉는 자리가 바르지 않다고 앉지 않았고, 음식을 차려내자, 요리하는 방법이 잘못되었다고 먹지 않았다.

"진과 채의 국경 사이에서는 이런 말씀을 하시지 않으셨는데요?"

자로가 나서서 묻자, 공자는 대답했다.

"이리 오너라, 내가 일러주마. 그때는 너와 함께 구차하게 살아야만 했고, 지금은 너와 함께 의를 찾아야만 한다."

먹을 것이 없을 때는 그것을 어떻게 얻게 되었는지 상관하지 않고 먹었으면서, 그렇지 않을 때는 남의 눈을 위해 자신을 돋보이게 하려는 것이다.

이 세상에 이보다 더 간사하고 거짓된 짓이 있겠는가?

[1] 공자의 제자로 용감하기로 이름이 낢.

교묘한 간언
인간훈(人間訓)

노魯나라 애공魯哀公이 궁전 서쪽에다 새로 증축을 하려고 했다. 그런데 사관이 이를 반대하여 만류했다. 애공은 얼굴빛이 변한 채 크게 화를 내며, 주위 사람이 아무리 간해도 들으려 하지 않았다. 그러고는 시종관侍從官인 재절수에게 물었다.

"내가 집을 새로 증축하려는데, 사관들은 모두 운이 맞지 않는다면서 반대를 하고 있다. 경은 어떻게 생각하는가?"

"천하에는 세 가지 불상사不祥事가 있는데 서쪽에 증축을 하는 것은 그것과 아무 관계도 없습니다."

재절수가 말하자, 애공은 몹시 기뻐했다. 그러나 잠시 후 그 세 가지 불상사가 어떤 것이냐고 묻자 그가 이렇게 말했다.

"예의를 행하지 않는 것이 첫째 불상사요, 욕심에 한계가 없는 것이 둘째 불상사요, 면대하여 간하는 말에 귀를 기울이지 않는 것이 셋째 불상사이옵니다."

애공은 한참을 생각하더니, 서쪽에 증축하는 일을 그만두었다.

荀子篇

기원전 323년 조趙나라에서 태어난 순자(이름은 翟)는 공자의 사상을
이어받은 전국시대의 유학자이다. 그러나 맹자의 성선설에 반대되는 성
악설을 주창하여 유가로부터 이단시되고 있다. 그의 이러한 사상이 담겨
있는 〈순자〉는 제자들과의 공동 저작으로 20권 32편으로 구성되어 있다.

군자는 가려서 살고, 가려서 어울린다

권학(勸學)

남방에는 몽구蒙鳩라는 이름의 새가 있다. 깃털로 둥지를 만들고 머리털을 엮어서 갈대 이삭에다 매놓는다. 바람이 불어오면 이삭은 꺾이고 둥지 속의 알은 깨지며 그 새끼들은 떨어져 죽고는 한다. 이것은 둥지가 불완전해서가 아니라 그런 곳에 둥지를 매놓았기 때문이다.

서쪽에는 야간射干이라고 불리는 풀이 있다. 풀줄기는 비록 네 치이지만 높은 산 위에서 자라고 있어서 백 길이나 되는 호수를 바라보고 있다. 그것은 풀줄기가 길어질 수 있기 때문이 아니라 태어난 곳이 높은 산 위이기 때문이다.

쑥대가 삼대밭에서 자라면 같이 곧아지고, 흰 모래가 개흙 속에 던져지면 같이 검게 된다.

난괴蘭槐의 뿌리는 향료로 쓰이는데 구정물에 담가두면 군자나 범인이나 아무도 가까이 하지 않고, 몸에 지니고 다니려고 하지 않는다. 바탕은 향기로웠으나 구정물에 담가두었기 때문에 그렇게 되고 만 것이다.

　그러므로 군자는 반드시 마음을 가려서 살고, 노는 데 있어서도 반드시 선비들과 어울린다. 이것은 사악한 곳으로 들어가려는 것을 스스로 막음으로써 올바른 곳에 가까워지고자 하기 때문이다.

앎과 모름의 차이

천론(天論)

만물이란 도道의 일부, 한 물건이란 만물의 일부, 어리석은 자는 한 물건의 일부이다. 스스로는 도를 알고 있다고 생각하지만 실은 알고 있지 못한 것이다.

신자愼子[1]를 지은 신도愼到[2]는 뒤에서만 보고 앞에서는 보지 못했으며, 노자는 굽히는 것만 알았을 뿐 뻗치는 것은 알지 못했다. 묵자는 가지런하고 평평한 것만 알 뿐 특출하게 빼어난 것은 몰랐으며, 송자宋子[3]는 적은 것만 알 뿐 많은 것은 알지 못했다.

뒤만 알고 앞을 알지 못하면 군중들은 나아가야 할 길을 모를 것이다. 가지런한 것만 알고 특출하게 있음을 모른다면 곧 법령이 베풀어지지 않을 것이다. 적은 것만 알고 많은 것을 모른다면 곧 군중들이 교화되지 않을 것이다.

[1] 신도(愼到)가 지은 책
[2] 조나라 사람. 사상에는 도가적(道家的) 색채도 있으나 법가(法家)이다.
[3] 제자백가 중 한 사람

순자의 성악설

성악(性惡)

.

사람의 본성은 악하다. 사람의 본성이 선하다고 하는 것은 거짓이다. 오늘날 사람의 본성은 나면서부터 이익을 좋아한다고 할 수 있다. 이것을 좇기 때문에 서로 다투고 빼앗는 일이 생기며 사양함이 없어지는 것이다. 사람은 나면서부터 질투하고 서로가 미워한다. 그렇기 때문에 남을 상하게 하고 해치는 일이 생기며, 충성과 신용이 없어지는 것이라고 볼 수 있다. 사람은 나면서부터 귀와 눈에 욕망이 있어서 아름다운 소리와 빛깔을 좋아한다. 그러므로 음란한 행동이 생기고 예의와 아름다운 형식이 없어진다.

사람이 감정을 따른다면 반드시 다투고 빼앗게 되며, 분부를 어기고 이치를 어지럽히게 되어 난폭하게 될 것이다. 이런 까닭에 반드시 스승과 법도에 의한 교화와 예의의 가르침이 있어야 한다. 그런 다음에야 서로 사양할 줄 알게 되고 아름다운 형식을 갖게 되어 다스림으로 귀결케 될 것이다. 이런 것을 보아서도 사람의 본성은 악한 것이 분명하고, 선하다는 것은 거짓이라고 할 수 있다.

명성을 드날리는 방법

권학(勸學)

　옛날에 호파瓠巴라는 이가 있어서 거문고를 켜면 물속에 있던 고기가 나와서 들었고, 백아伯牙라는 사람이 있어서 가야금을 타면 수레를 끄는 여섯 필의 말들이 고개를 들고 귀를 기울였다고 한다.

　아무리 소리가 작다 하지만 소리라는 것은 들리지 않는 소리가 없고, 행동 또한 아무리 숨기려 해도 드러나지 않는 것이 없다. 구슬이 산에 있으면 초목이 윤택해지고 연못 속에서 진주가 나오면 그 연못가는 마르는 법이 없다. 선을 행하고 악한 것을 버린다면 어찌 명성을 드날리지 않겠는가.

뜻으로 본 인물평가법

비상(非相)

　요임금은 키가 컸고 순임금은 작았으며, 주周나라의 문왕은 키가 컸고 주공은 작았다. 또 키가 큰 분으로는 공자가 있고, 작은 분으로는 중궁仲弓이 있다.

　옛날 위衛나라 영공에게 공손여公孫呂라는 신하가 있었는데 키가 일곱 자나 되며 얼굴 길이는 석자에 넓이는 세치나 되었다고 한다. 이런 얼굴에 눈, 코, 귀가 다 갖추어져 있었지만 이름을 온 천하에 떨쳤다.

　손숙오孫叔敖[1]라는 사람은 초楚나라의 기사라는 고을의 시골뜨기인데 툭 튀어나온 대머리에 왼팔이 길었음에도 불구하고 수레에 앉은 채 초나라의 패업을 이룩했다.

　섭공자葉公子는 작은 몸집에 깡마른 빼빼여서 걸을 때는 제 몸에 걸친 옷도 제대로 이기지 못하는 것 같았다. 그러나 백공白公의 난 때는 영윤令尹 직위에 있는 자서와 사마司馬 직위에 있는 자기子期가 모두 죽자 초나라로 들어가 그곳을 근거지로 하여 백공을 죽여

나라를 안정시키는 것을 손바닥 뒤집듯 쉽게 했다.

이들의 인의와 공명은 후세에까지 좋게 전해져 내려오고 있다.

이러한 까닭에 일함에 있어서는 키가 크고 작음, 몸집이나 몸이 가볍고 무거움을 따지지 않으며 사람의 뜻으로 해야 한다. 키의 장단, 몸집의 대소, 얼굴의 잘나고 못남을 어찌 논할 것인가.

[1] 초나라의 재상을 지내면서 나라를 부강하게 하는 데 많은 공을 세움.

외형으로 따질 것이 아니다

비상(非相)

서徐나라의 언왕偃王[1]이라는 사람은 눈으로 바라볼 수 없을 정도로 심한 척추장애인이었다. 공자 또한 그 얼굴이 방상씨方相氏[2]가면과 흡사했으며, 주공의 모습은 부러진 마른나무 같았고, 고요皐陶[3]는 얼굴빛이 깎아놓은 외 같았다. 굉요[4]는 얼굴 전체가 무성한 털로 덮여 있었으며 부열傅說[5]은 몸체가 등지느러미를 세운 물고기 같았고, 이윤伊尹[6]은 얼굴에 수염도 눈썹도 없었다고 한다.

학문을 하는 사람이라면 인물의 잘나고 못남 같은 외형상의 문제만을 따질 것이 아니라 사람의 뜻을 논하고, 그것을 쓴 글과 견주어 보아야 한다.

[1] 단군조선의 제후국인 서나라 왕
[2] 중국 고대 신화에 나타나는 제왕의 하나
[3] 순임금의 신하. 법리(法理)에 통달하여 법을 세워 형벌을 제정하고, 또 감옥을 만듦.
[4] 중국 주나라의 문왕(文王)과 무왕(武王) 때의 명신
[5] 은나라 고종(高宗) 때의 재상
[6] 은나라의 재상

선비는 이런 사람

유효(儒效)

진秦나라 소왕昭王의 물음에 순자가 이렇게 대답했다.

"선비란 옛 임금을 본받고 예의를 존중할 줄 알며 신하들에게 대하여 삼가는 것을 알고 임금을 귀히 여기는 사람들입니다. 임금께서 선비를 등용하시면 곧 조정의 힘을 근본으로 삼아 모든 일을 합당하게 처리하며, 등용되지 않았을 때는 백성들 틈에 섞여 성실히 지내며 순종할 것입니다. 비록 가난하여 헐벗고 굶주림에 허덕인다 하더라도 나쁜 길로 들어서서 재물을 탐하지 않을 것이며, 송곳을 세울 만한 땅조차 없더라도 국가를 지탱하여 나가는 대의에 밝을 것입니다. 소리쳐 부를 때 누구나 호응해주는 사람이 없더라도 만물을 풍부하게 하고 백성들을 기르는 법에는 통달해 있습니다. 권세를 잡아 남의 위에 서면 임금이 되어도 손색이 없고, 남의 아래에 있으면 훌륭한 신하로 임금의 보배가 될 것입니다. 비록 가난한 마을의 비가 새는 집에 숨어 산다 하더라도 사람들이 모두 받드는 것은 올바른 도리를 가지고 있기 때문입니다. 공자가 노나라의 사구司寇가 되려고 하자 심유씨沈猶氏는 아침에 양의 배에 물을 채워서 무게를 늘여 팔지 않게 되었고, 공신씨公愼氏는 그의 음탕한 처를 내보냈으며 신궤씨愼潰氏는 사치했던 까닭에 국경을 옮겨 갔고, 소와 말을 팔던 사람들도 값을 속여 팔지 않게 되었습니다. 이것은 공자가 몸을 바르게 닦고 기다렸기 때문입니다. 궐당闕黨 땅에 있을 때는 궐당의 젊은이들이 짐승을 사냥해오면 부모가 있는 사람에게 조금 더 분배했으니, 이것은 효도와 우애로써 교화시켰기 때문입니다. 선비가 조정에 있는 동안 정치를 아름답게 하고 떠나면 풍속을 아름답게 합니다. 선비가 남의 아래에 있게 되면 이와 같습니다."

천지의 조화(造化)

왕제 (王制)

북해 근처 지방에는 잘 달리는 말과 잘 짖어대는 개가 있다. 남해 근처에는 새 깃, 상아, 외뿔소가죽과 증청曾靑[1], 단사丹砂[2]가 난다. 동해 근처에서는 자초紫草와 칡베, 물고기, 소금 등이 생산되며, 서해 근처에서는 짐승의 가죽과 무늬 있는 쇠가죽이 난다. 이것들은 모두 중국에서 구해다가 사용하는 것이다.

그러므로 물가에 사는 사람들도 나무가 풍부하고, 산에 사는 사람도 물고기가 풍족하다. 농부들은 나무를 깎고 다듬거나 질그릇을 굽지 않지만 쓰는 용구는 풍부하다. 장인들이나 상인들도 마찬가지로 밭을 갈지는 않지만 양곡이 넉넉하다. 그리고 호랑이나 표범은 사납지만 군자들은 그것은 사냥하여 가죽을 사용하고 있다. 그러므로 하늘 아래에 있는 물건들은 모두가 그 가진 바대로 잘 쓰이고 있다.

위로는 그 물건들로 어질고 선량한 이들을 장식케 하고, 아래로는 백성들을 먹여살려 모두 안락하게 해준다. 이것을 일컬어 천지의 조화라 한다.

[1] 시력을 아주 좋게 하고, 잘 놀라고 가슴이 두근거리는 증상을 진정시키며 기생충을 구
제하는 효능을 가진 약재
[2] 수은과 황의 화합으로 만들어진 광물. 육방정계(六方晶系)에 속하고 진한 붉은색이며
안료, 약재로 쓰임.

인간은 만물의 영장

왕제 (王制)

물과 불은 기운은 있지만 생명이 없다. 풀과 나무는 생명이 있지만 지각이 없다. 새와 짐승은 지각은 있지만 의로움이 없다. 사람은 이들이 지니지 못한 기운, 생명, 지각, 의로움을 지니고 있기 때문에 이 세상에서 가장 존귀한 존재이다.

힘은 소만큼 세지 못하고 달리는 것은 말보다 빠르지 못하다. 그런데 소와 말은 왜 사람에게 부림을 받는 것인가. 그것은 사람은 여럿이 모여 살며 그 힘을 합칠 수 있지만 소와 말은 그것을 할 줄 모르기 때문이다.

사람은 어떻게 여럿이서 모여 살며 힘을 합칠 수 있는가. 그것은 분별이 있기 때문이다. 그 분별은 어째서 존재할 수 있는가. 의로움이 있기 때문이다.

의로움을 가지고 사람들을 분별하면 화합하게 되고, 화합하면 하나로 뭉쳐지고, 뭉쳐지면 힘이 많아지고, 힘이 많아진다는 것은 강해진다는 것을 의미하며 강해지면 만물을 이겨낼 수 있기 때문이다. 그러므로 사람들은 집을 짓고 살 수 있다.

사람이 사철의 질서를 따라 만물을 성장케 하여 온 천하를 이롭게 하는 것은 다른 까닭이 아니라 바로 분별과 의로움을 지니고 있다는 데에 있다.

묵자(墨子)의 걱정

부국(富國)

묵자의 걱정이란 것은 뻔하다. 그는 세상을 위해 물자가 부족하게 되지나 않을까 걱정하고 있다. 이러한 것은 모든 사람 전체의 걱정이라 할 수 없다. 다만 묵자 개인적인 걱정이요, 어떻게 보면 지나친 생각이라고도 할 수 있다.

지금 이 땅에선 오곡이 생산되고 있다. 사람들이 잘만 가꾸면 비록 한 마지기의 땅에서라도 여러 항아리의 곡식을 거둘 수 있고 1년에 두 번은 수확할 수가 있다. 그 외에도 외, 복숭아, 대추, 오얏은 한 그루의 나무에서 여러 항아리의 양을 딸 수 있다. 또 파, 마늘이나 갖가지 채소도 필요한 양만큼은 충분히 거둔다.

가축이나 새, 짐승의 경우에는 한 마리가 수레에 찰 만큼 자란다. 자라, 악어, 물고기, 미꾸라지, 전어 등도 철따라 새끼를 낳고 알을 부화하여 수많은 무리를 이룬다. 새, 오리, 기러기 등도 구름떼처럼 많다. 그밖에도 곤충과 여러 가지 생물, 무생물들이 있어서 먹고 살아갈 수 있는 것들은 이루 다 헤아릴 수가 없다고 하겠다.

하늘과 땅에 있는 만물들은 다 본래부터 여유가 있어서 사람들을 먹이기에 충분하며 삼과 칡, 누에, 면사, 그리고 새나 짐승의 깃과 털, 가죽 등은 본시부터 여유가 있어서 이것 또한 사람들이 입기에 충분한 것이다.

여유가 있는데도 부족하다는 것은 온 천하 사람들의 걱정이라고 할 수 없다. 다만 묵자의 개인적인 걱정일 뿐이요, 지나친 생각에 불과하다고 하겠다.

정벌도 순리에 따라야

의병(議兵)

왕의 군제軍制에 대한 질문에 순자는 이렇게 말한다.

"장수는 죽음으로 북을 지키고 수레를 모는 사람은 죽음으로 말고삐를 지키며, 여러 관리들은 죽음으로 직무를 지키며, 사대부들은 죽음으로 대열을 지킵니다. 북소리에 따라 진격하고 징소리가 울리면 후퇴합니다. 명령을 지키는 것이 그 첫째라고 할 수 있으며 공을 세우는 것은 그 다음 일입니다. 진격하지 말라고 하는데 진격하는 것은 후퇴하지 말라고 하는데 후퇴하는 것과 그 죄가 같습니다.

노인이나 약한 자는 죽여서는 안 되며 곡식을 짓밟아 버려서도 안 됩니다. 항복하는 사람은 사로잡지 아니하고 대항하는 자는 버려두지 아니하며 목숨을 건지겠다고 도망 온 자도 사로잡지 않아야 합니다.

처벌에 있어서는 잘못한 백성들을 처벌하는 것이 아니라 그들을 잘못하도록 한 자를 처벌해야 합니다. 만일 백성 가운데 적을 도와준 사람이 있다면 적과 같이 취급해야 합니다.

칼날에 순종하는 자는 살려두고 칼날에 순종치 않는 자는 죽이며, 목숨을 부지하려고 하는 자는 장군에게 바쳐 처분을 기다립니다.

무왕이 주나라를 정벌했을 때 미자계微子啟[1]는 송나라에 봉했으나 조촉룡曹觸龍[2]은 군중 앞에서 처형했습니다. 항복한 은나라 백성들도 먹여 살리는 데는 주나라 사람들과 똑같이 해주었습니다. 그러므로 멀고 가까운 곳의 사람들은 모두가 노래 부르며 즐거워하고 이곳에 와 안락하게 살았습니다. 온 세상이 한집안처럼 되었으며 길이 통하는 곳에 있는 사람들이면 모두가 복종했습니다. 이러한 지도자를 백성들을 위한 지도자라고 할 수 있습니다.

서쪽에서도 동쪽에서도
남쪽에서도 북쪽에서도
굴복하여 오지 않는 이가 없네.

〈시경〉의 이 시구는 위와 같은 지도자를 두고 한 말입니다.

왕에게는 주벌誅罰[3]은 있지만 누구와 다툴 일은 없습니다. 성을 지키고만 있을 때는 공격하지 아니하고 적군이 죽기로 저항한다면 공격하지 않습니다. 임금과 신하들이 서로 기뻐하고 있으면 이것을 축하해주고 성 안의 백성들은 남김없이 죽이지 아니하고 군대를 몰래 출동시켜 공격치 않습니다. 또 백성들을 오래도록 싸움터에 붙들어 두거나 출전하여 해를 넘기는 일 따위는 하지 않습니다. 이렇게 해야만 난국亂國을 당한 백성들도 그러한 정치를 좋아하여 자기의 임금에게 오히려 불안을 느끼고 훌륭하신 왕의 군대가 오기를 바라게 됩니다."

[1] 중국 상나라의 마지막 임금인 주왕(紂王)의 이복형으로 상이 멸망한 뒤에 주(周) 성왕(成王)에게 송(宋)의 제후로 봉해졌다. 비간(比干), 기자(箕子)와 함께 상(商) 말기의 3명의 어진 사람으로 꼽힌다.
[2] 걸왕(桀王)에게 아첨한 신하
[3] 죄인을 꾸짖어 벌을 줌. 또는 그 벌

세상을 살아가는 도(道)

유좌(宥坐)

공자가 노魯나라 환공의 묘에 갔을 때 기울어진 그릇이 하나 있었다. 공자가 묘지기에게 물었다.

"이 그릇은 무얼 하는 것이오?"

"이 그릇은 거처하는 옆에 두고 교훈을 삼는 것입니다."

"내가 듣기로는 거처하는 옆에 두고 교훈을 삼는 그릇이란 비면 기울어지고, 알맞게 담으면 바로 서며, 가득 차면 엎어진다고 했다."

공자는 그의 제자들을 돌아보며 말했다.

"물을 갖다 부어라."

제자들이 물을 갖다 부었다. 알맞을 때에는 바로 서고 가득 차니 엎어지고 비게 되자 기울었다.

공자가 크게 한숨을 쉬며 말했다.

"아! 가득 차고도 엎어지지 않는 것이 이 세상 어디에 있을까."

그러자 자로가 말했다.

"감히 가득 찬 것을 지속하여 나갈 수 있는지를 묻고자 합니다."

"총명하고 신통한 지혜가 있으면 그것을 지킴에 어리석음으로써 하고, 용기와 힘이 세상을 뒤덮을 만한 사람이면 그것을 지킴에 겁냄으로써 하고, 온 세상을 차지하는 부귀를 지니면 부귀를 지킴에 겸손함으로써 하는 것이다. 이것이 이른바 자기 것을 버리는 세상을 살아가는 도이다."

편역자 정철

전문번역가로 홍익대학교 국학대학에서 한문학사를 강의했으며 '문학예술', '사상계'에 한시를 발표했
다. 한때 중국에서 오랫동안 체류하며 중국 고전연구에 힘쓰기도 했다. 저서에 〈김립의 생애〉, 〈손자병
법〉과 한시집 〈청산과 녹수의 사상〉이 있다.

제자백가의 숲에서 나를 힐링하라

초판 1쇄 인쇄 2015년 7월 20일 | **초판 1쇄 발행** 2015년 7월 25일

지은이 列子, 漢非子, 莊子 외 | **편역** 정철 | **펴낸이** 최효원 | **펴낸곳** (주)오늘
등록일 1980년 5월 8일 제2012-000082호
주소 서울시 영등포구 선유서로 67, 128호 | **전화** (02)719-2811(대) | **팩스** (02)712-7392
홈페이지 http://www.on-publications.com | **이메일** oneull@hanmail.net

* 잘못 만들어진 책은 바꾸어 드립니다.
ISBN 978-89-355-0521-0 03140